芥子園畫譜

第三集

卷三

中國傳世畫譜

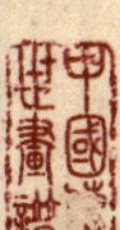

九州出版社

清康熙四十年本

芥子園畫譜

第三集 卷三 金陵沈心友刊

青在堂翎毛花果譜下册目

玉樓春 倣李錫畫 王安節題
梔子 一名薝蔔 倣吳元瑜畫 劉夢得句
西府海棠 倣唐忠祚畫 鄭谷句
黃鸝春柳 倣邊文進畫 劉後村句
木芙蓉 倣刁光畫 王介甫詩
蠟梅 倣錢選畫 楊誠齋句
虎刺秋菊 倣丘慶餘畫 王又唐句
飼雛 倣吳公器畫
茶葉花 倣崔慤畫 范希文句
玫瑰 倣徐熙畫 陳石亭詩
桐實 倣陶成畫 王安節題
黃薔薇 倣趙文淑畫 劉瑗句
葡萄 倣趙昌畫 韓昌黎句
櫻桃 倣徐熙畫 白樂天句
鐵雀 倣黃筌畫
榴花 倣沈孟堅畫 溫飛卿詩
梨花白燕 倣邊鸞畫 王宓草題

青在堂翎毛花卉譜下冊目

佛手柑 倣朱紹宗畫 王孫穀句

牽牛花 倣滕昌佑畫 王宓草題

山茶 倣易元吉畫 蘇東坡句

繡毬 倣韓祐畫 宗梅岑句

紫薇 倣呂紀畫 陳石亭句

青雀 倣葛守昌畫

紅白桃花 倣邊鸞畫 邵康節詩

翠雀 倣趙昌畫

杏子 倣林良畫 魏菴句

秋池翠鳥 倣李迪畫 梅聖俞句

鳥春 倣林椿畫

紅葉 倣殷宏畫 沈雪江題

垂絲海棠 倣梁廣畫 截鄭谷律句

杏燕 倣崔白畫 鄭谷句

凌雲花 倣戴琎畫 梅聖俞句

石榴 倣夏侯延祐畫 潘尼賦句

玉蘭 倣徐崇矩畫 白樂天詩

薔薇 倣艾宣畫 陳石亭句

雪梅 倣徐熙畫 杜少陵句
茶梅 倣黃居寀畫 沈因伯題
蘆雁 倣趙宗漢畫 王孫穀題
丹桂 倣劉永年畫 李巨山詩
魏紫姚黃 倣易元吉畫 劉貢父句

洛陽牡丹名品多深紫
淺黄如舞娥

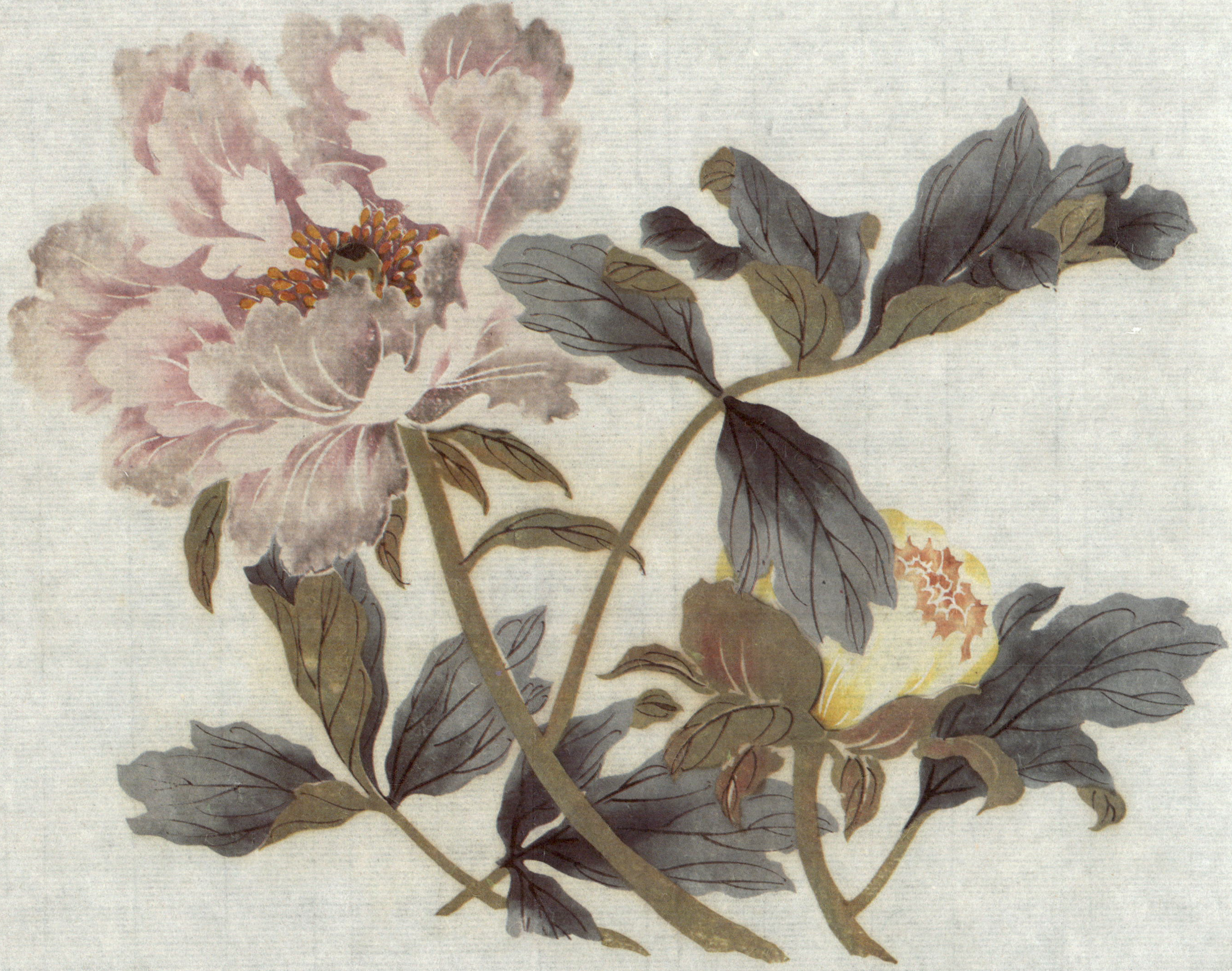

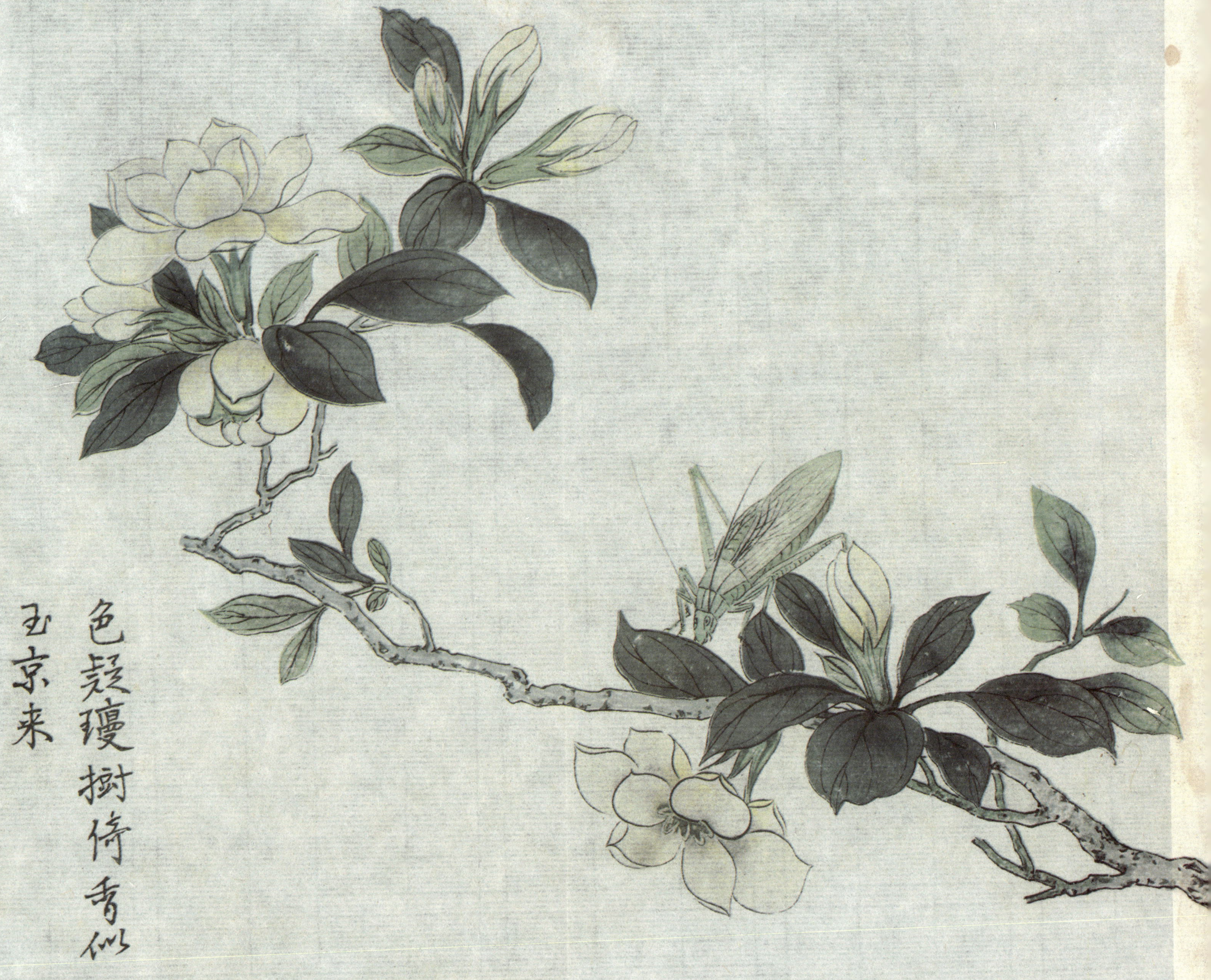
色疑瓊樹倚香似
玉京来

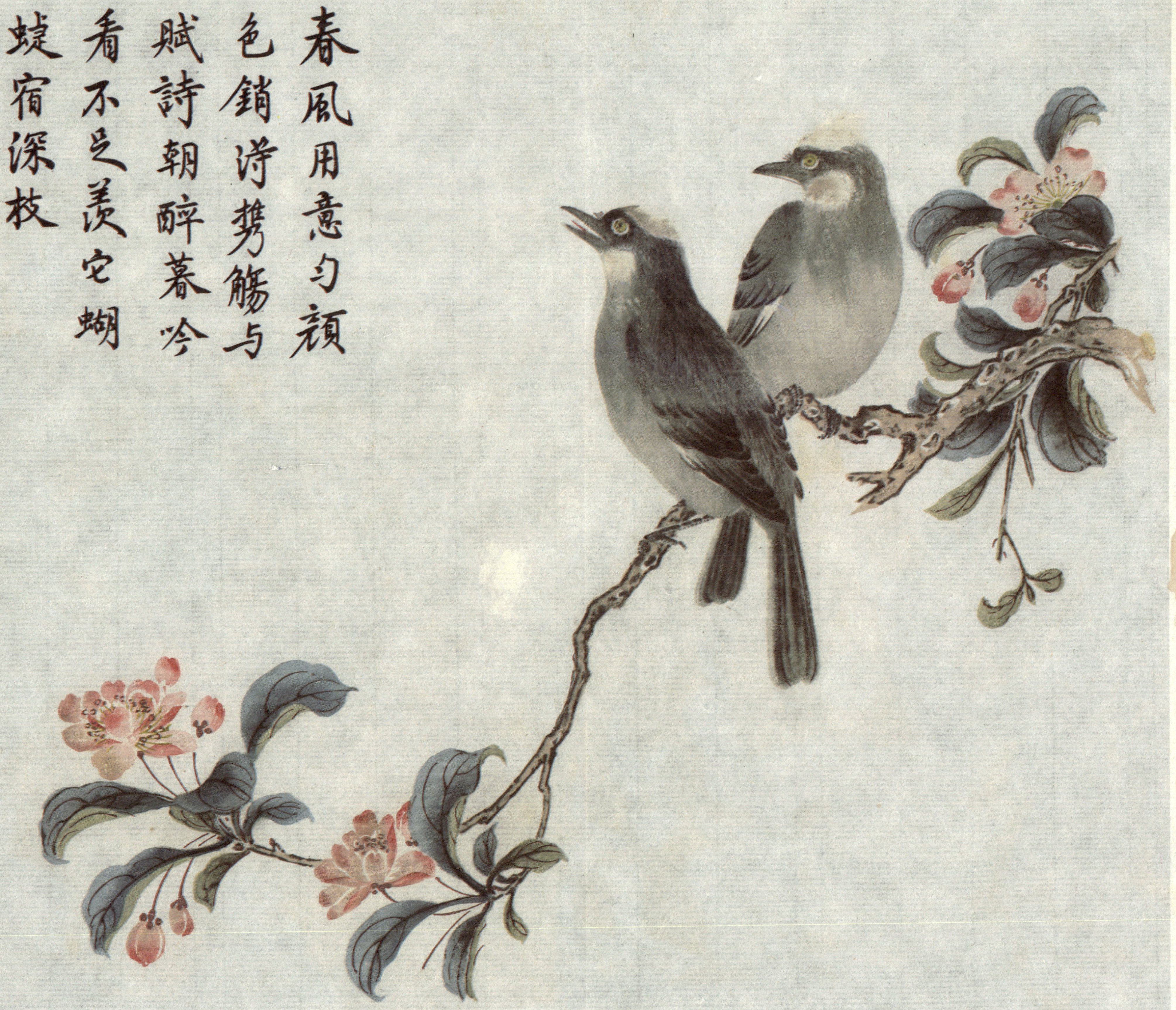
春風用意勻顏
色銷淂攜觴與
賦詩朝醉暮吟
看不足羨它蝴
蝶宿深枝

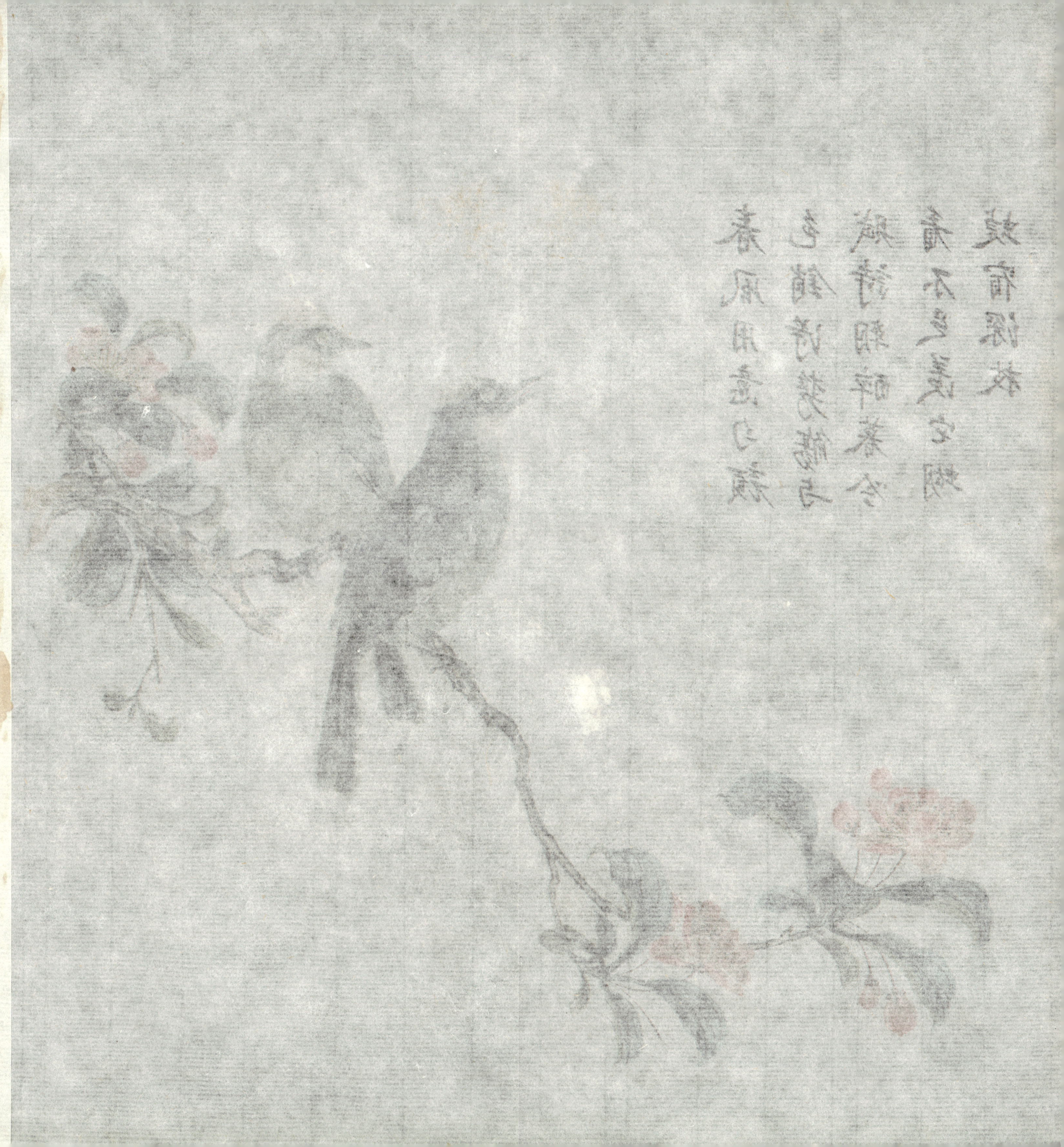

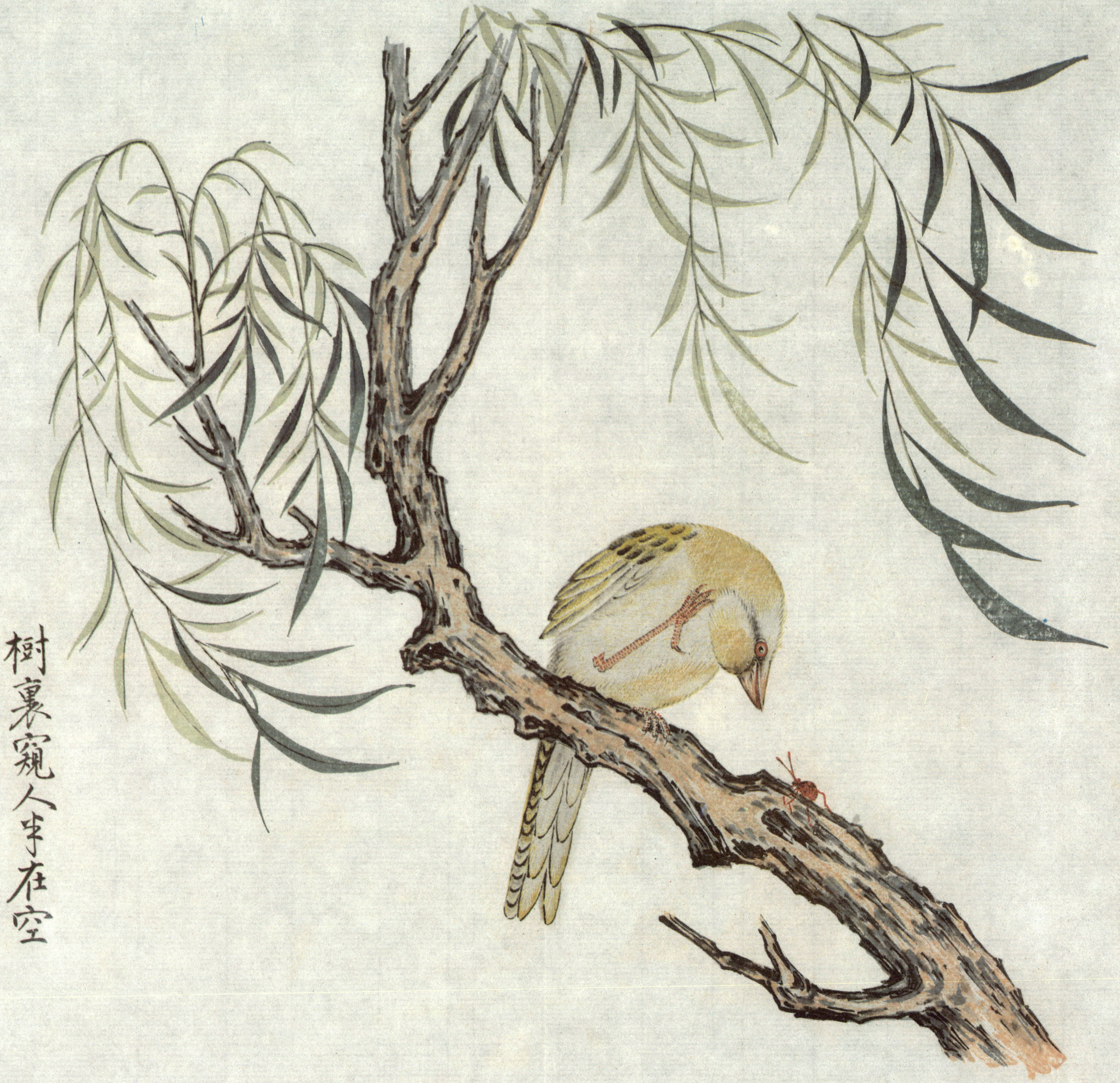
樹裏窺人半在空

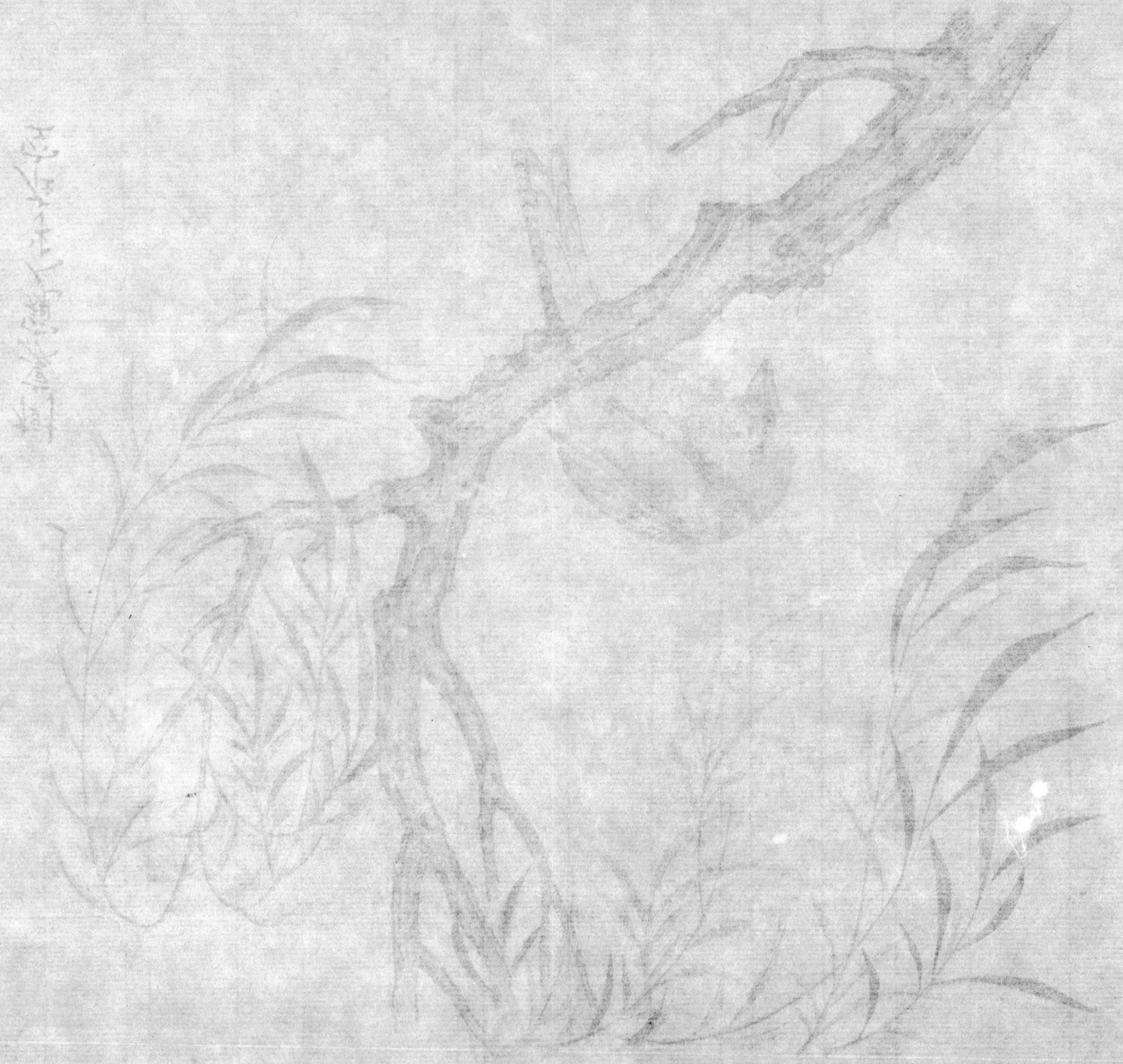

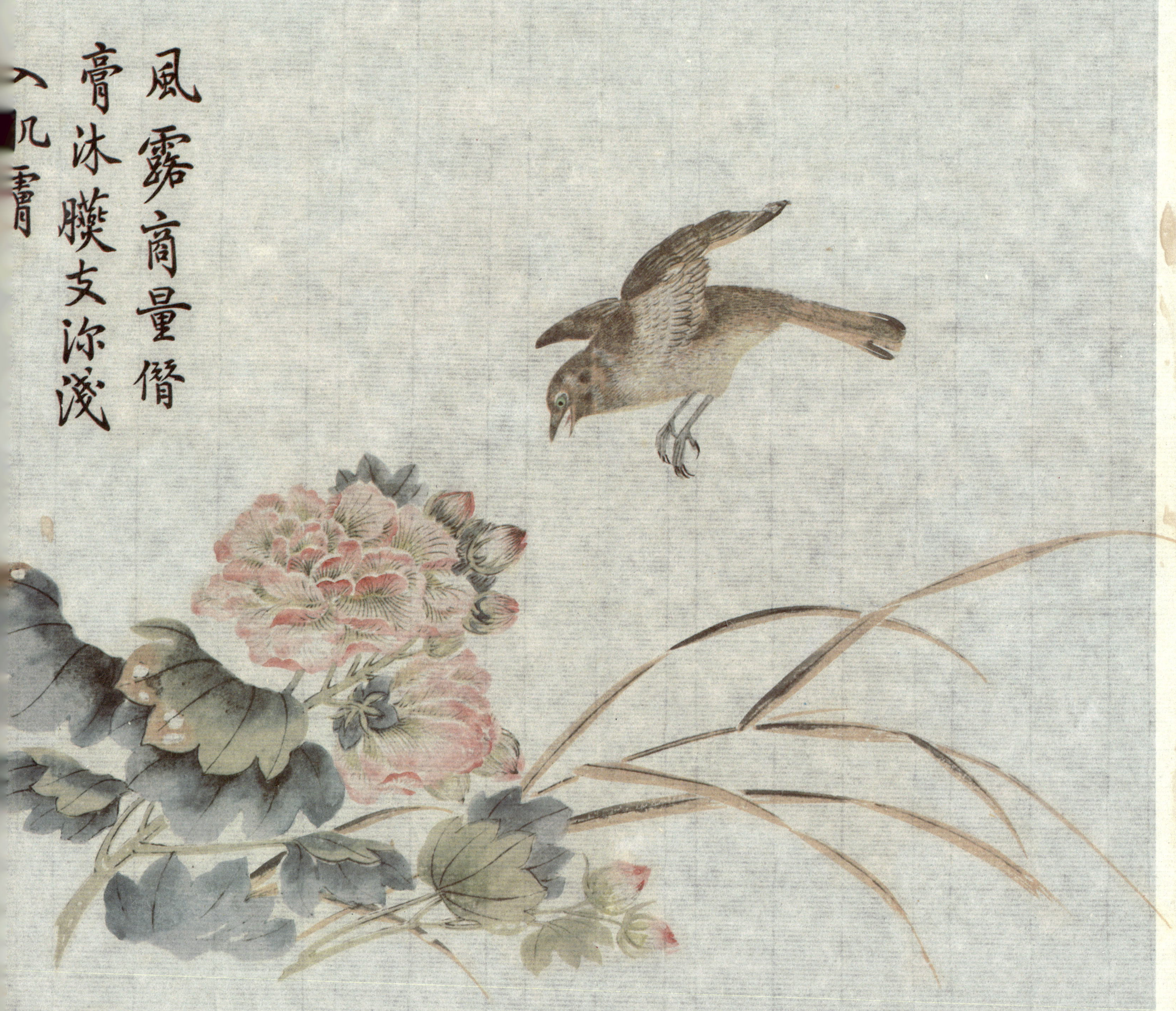
風露商量借
膏沐臙支深淺
入几畫

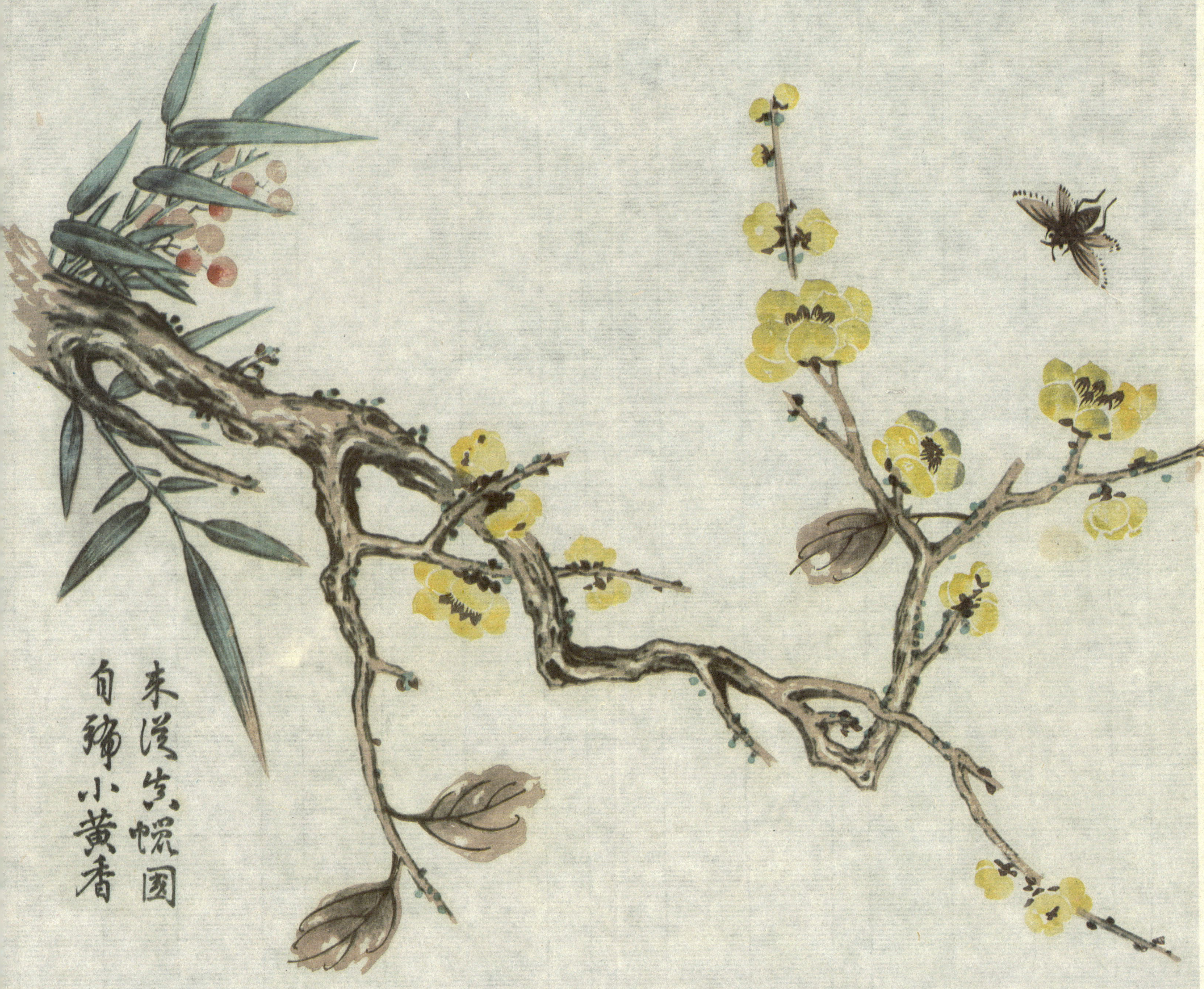
小黃香

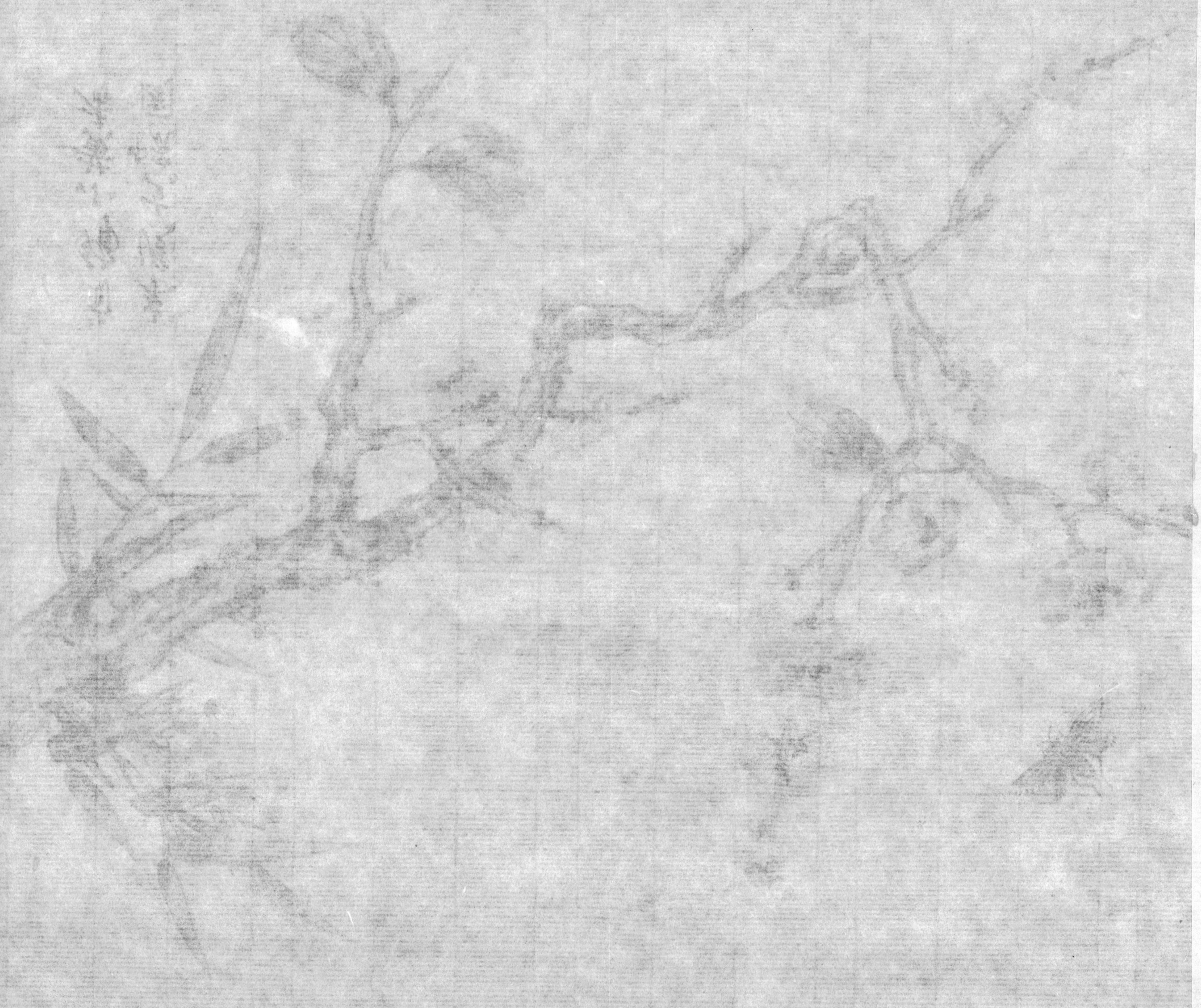

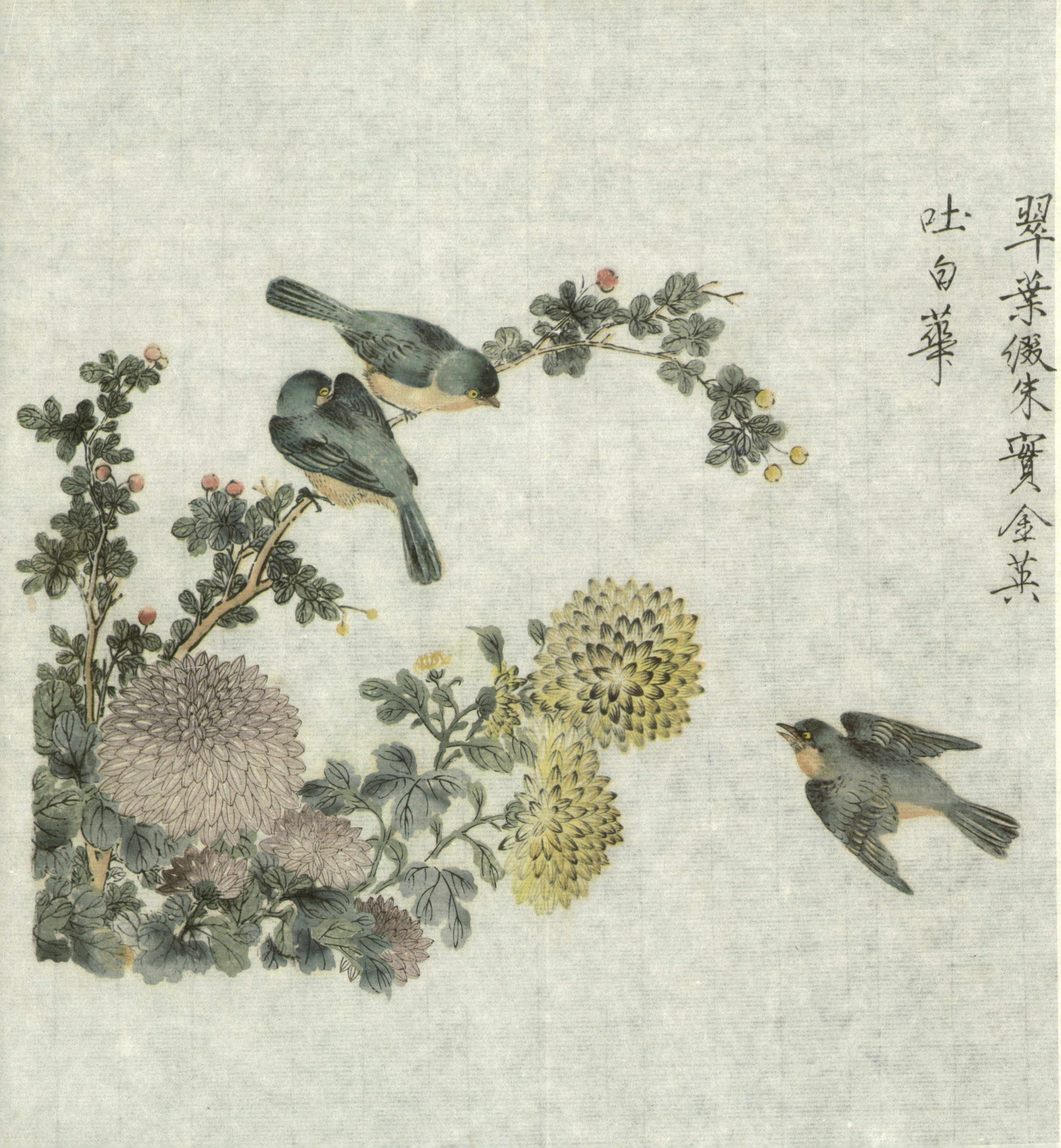
翠葉綴朱實金英
吐白華

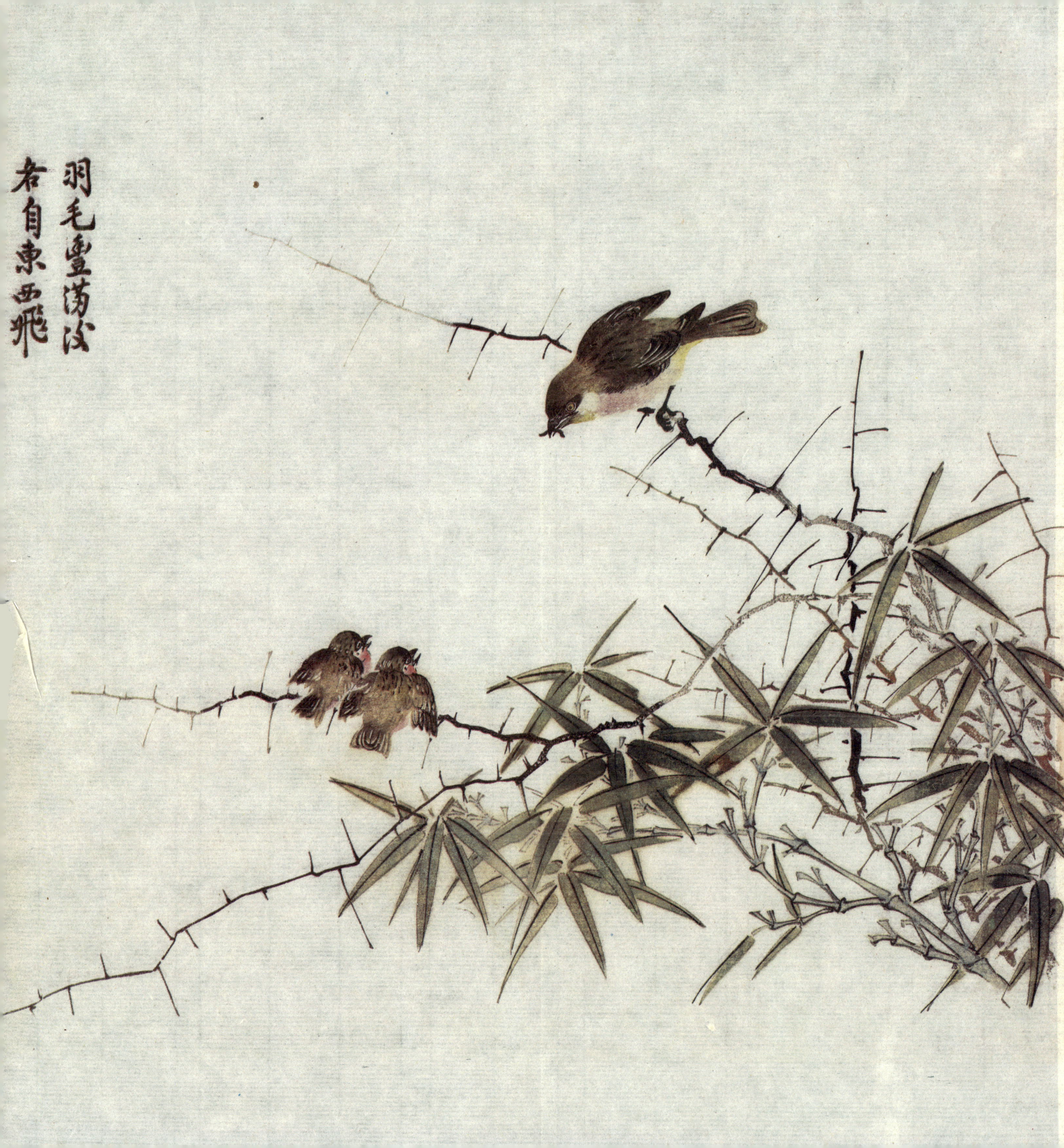

羽毛豐滿汝
各自東西飛

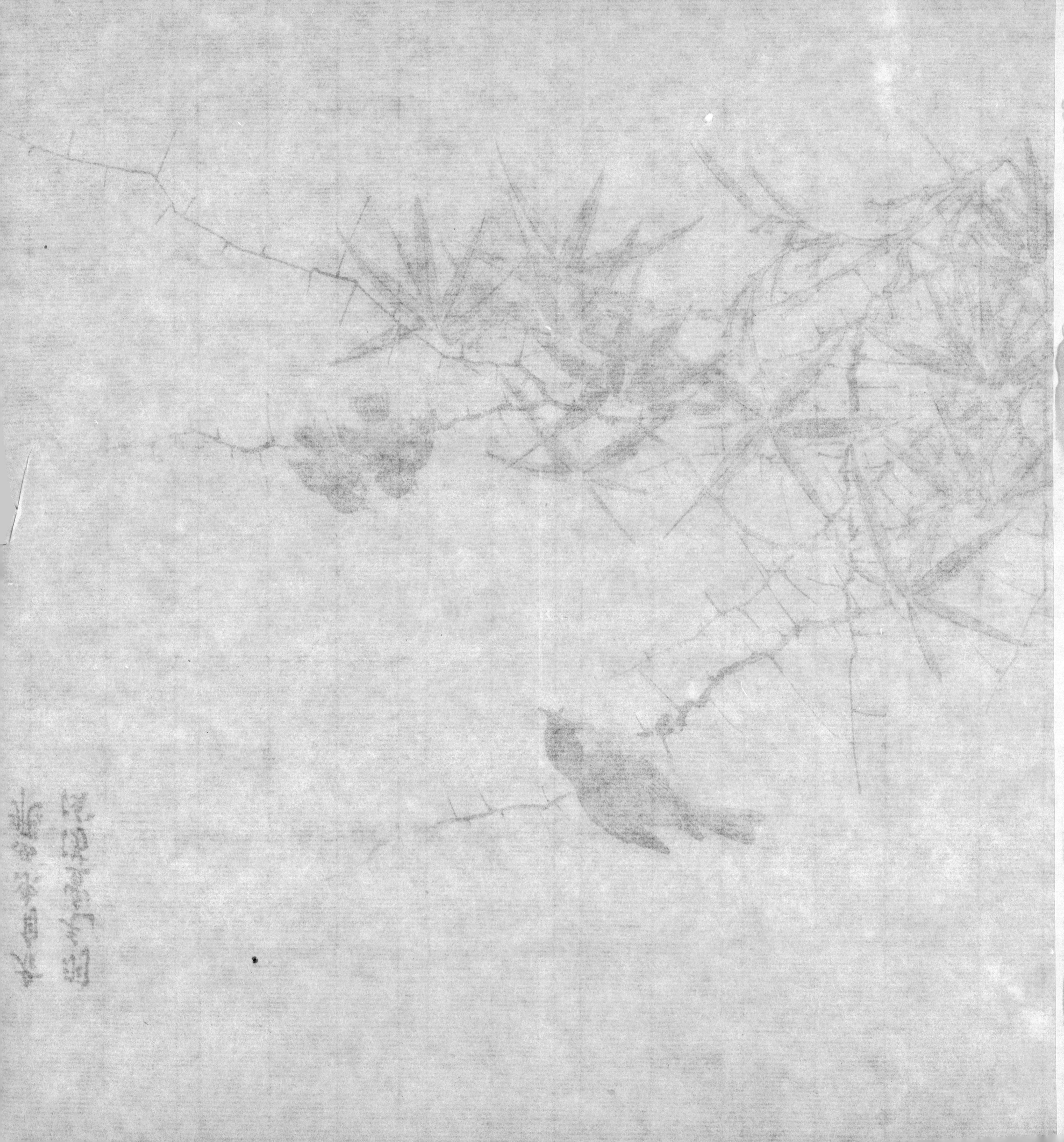

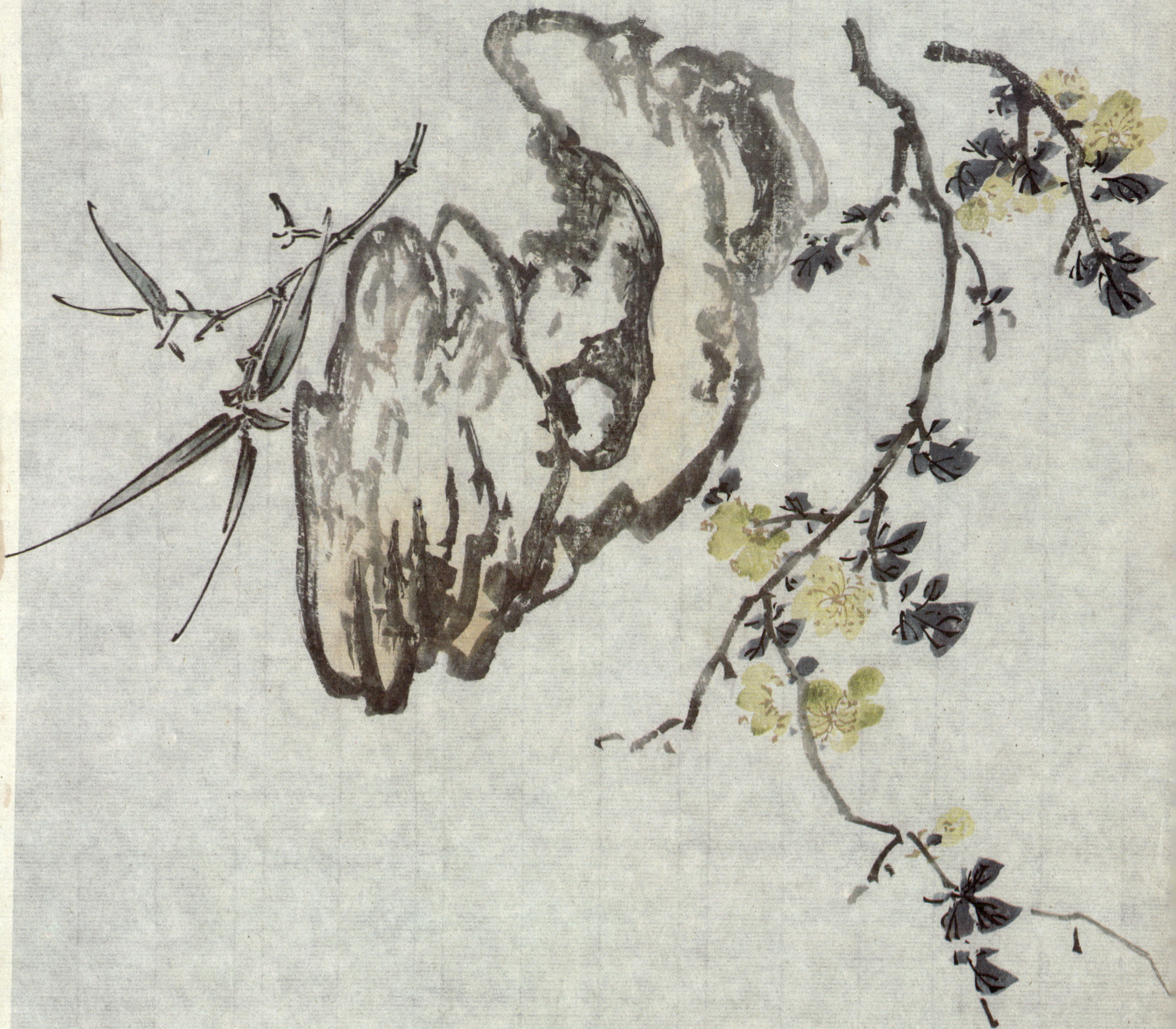

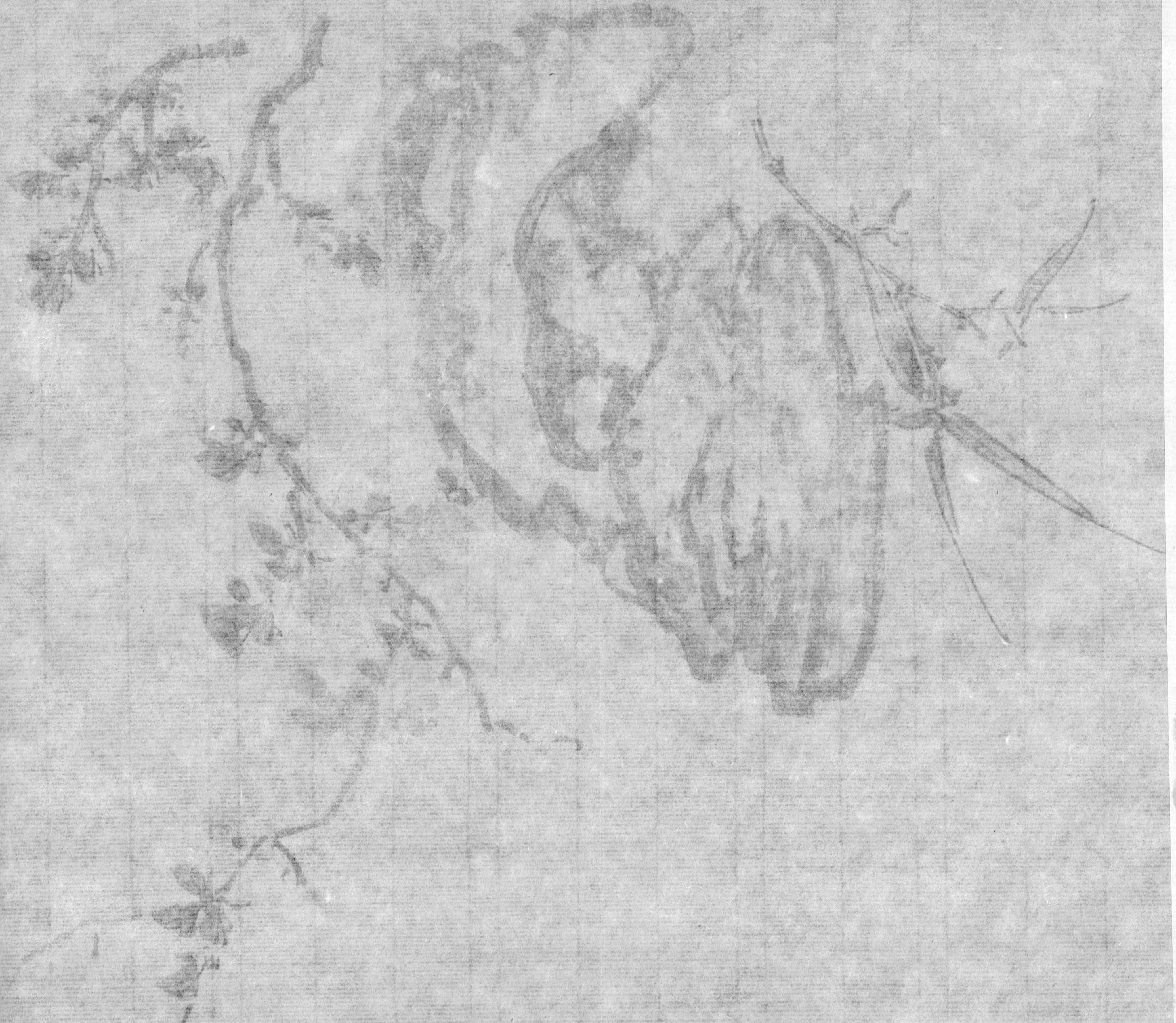

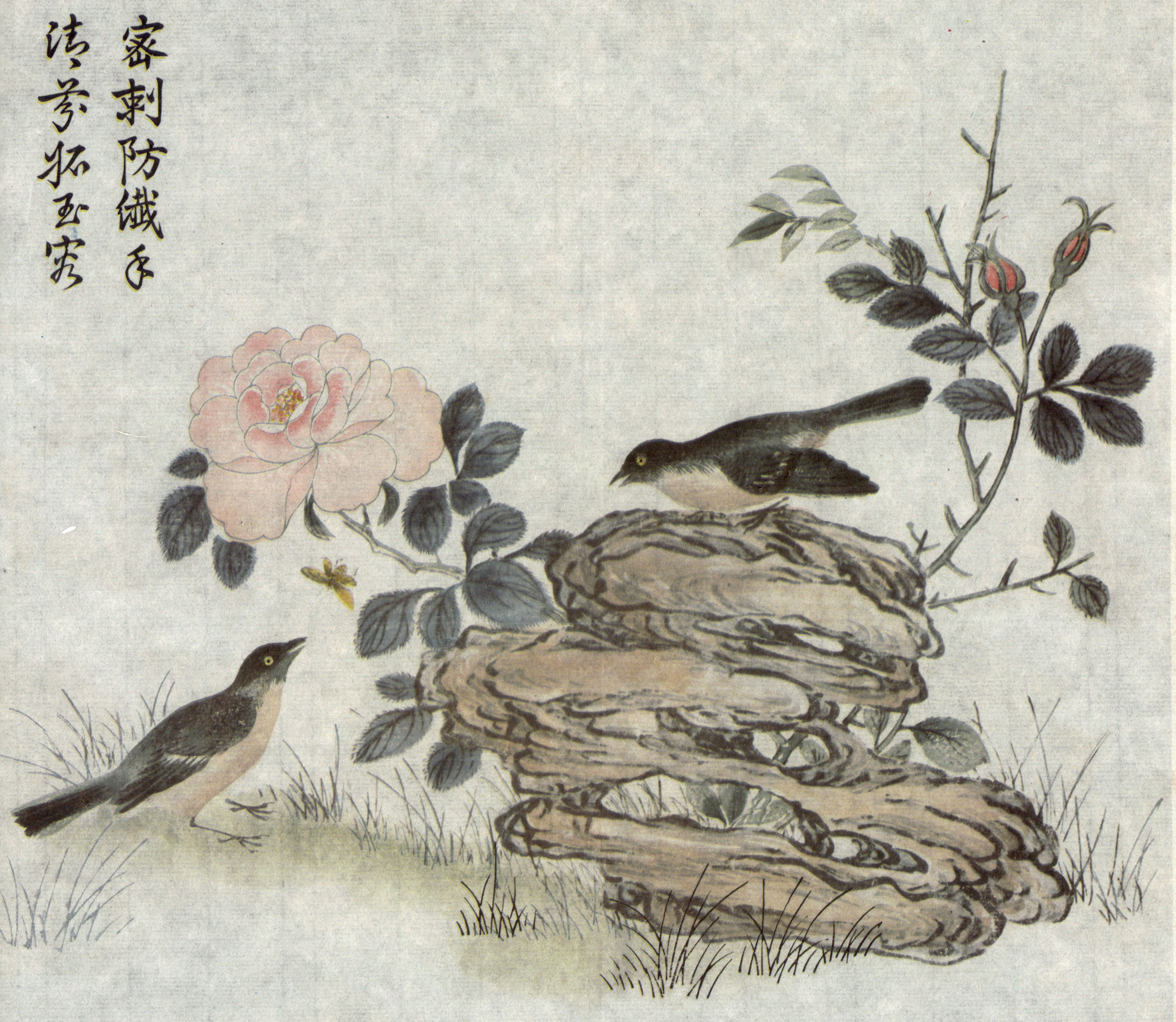
密刺防纖手
清芬拓玉容

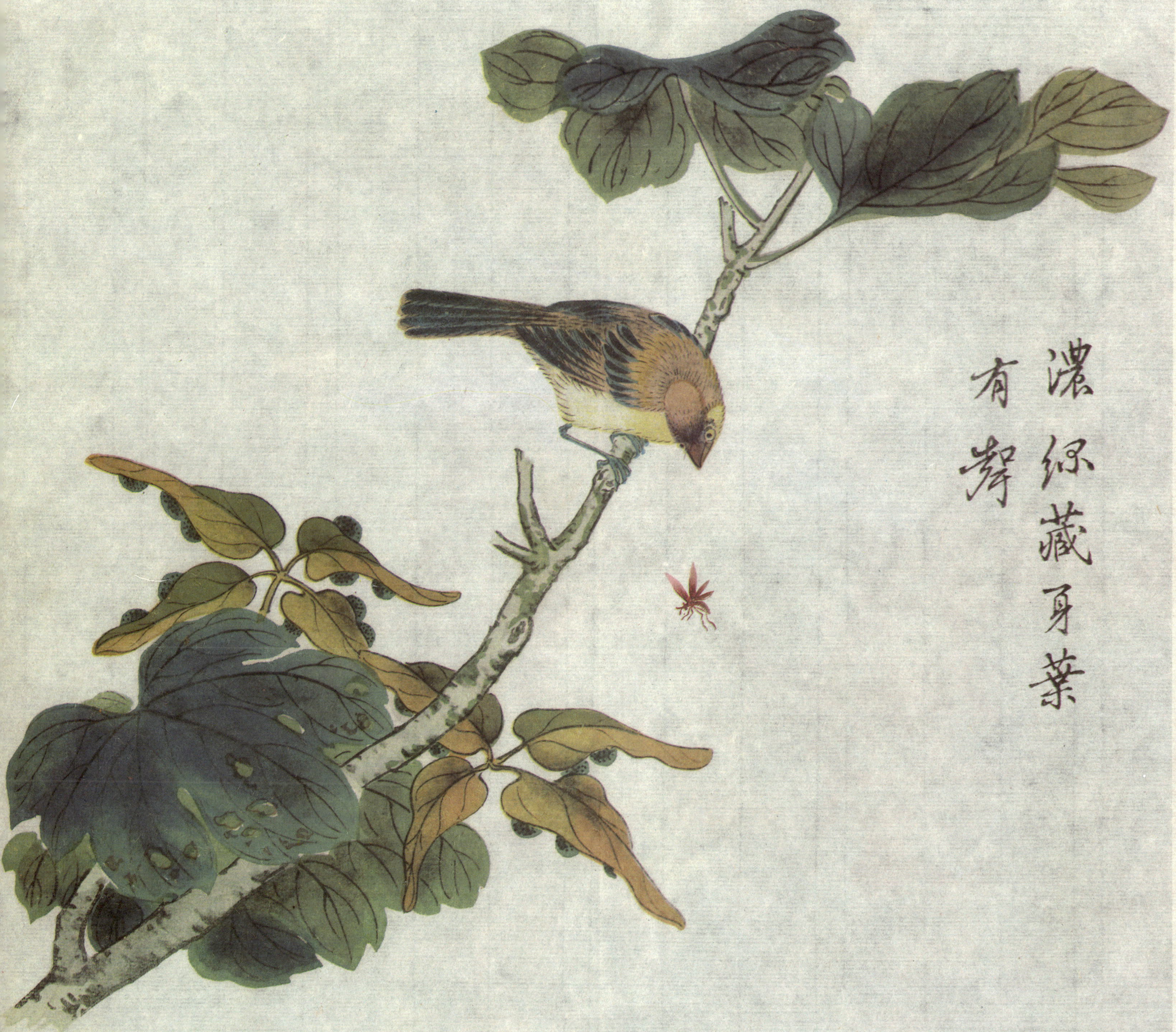

濃綠藏身葉
有聲

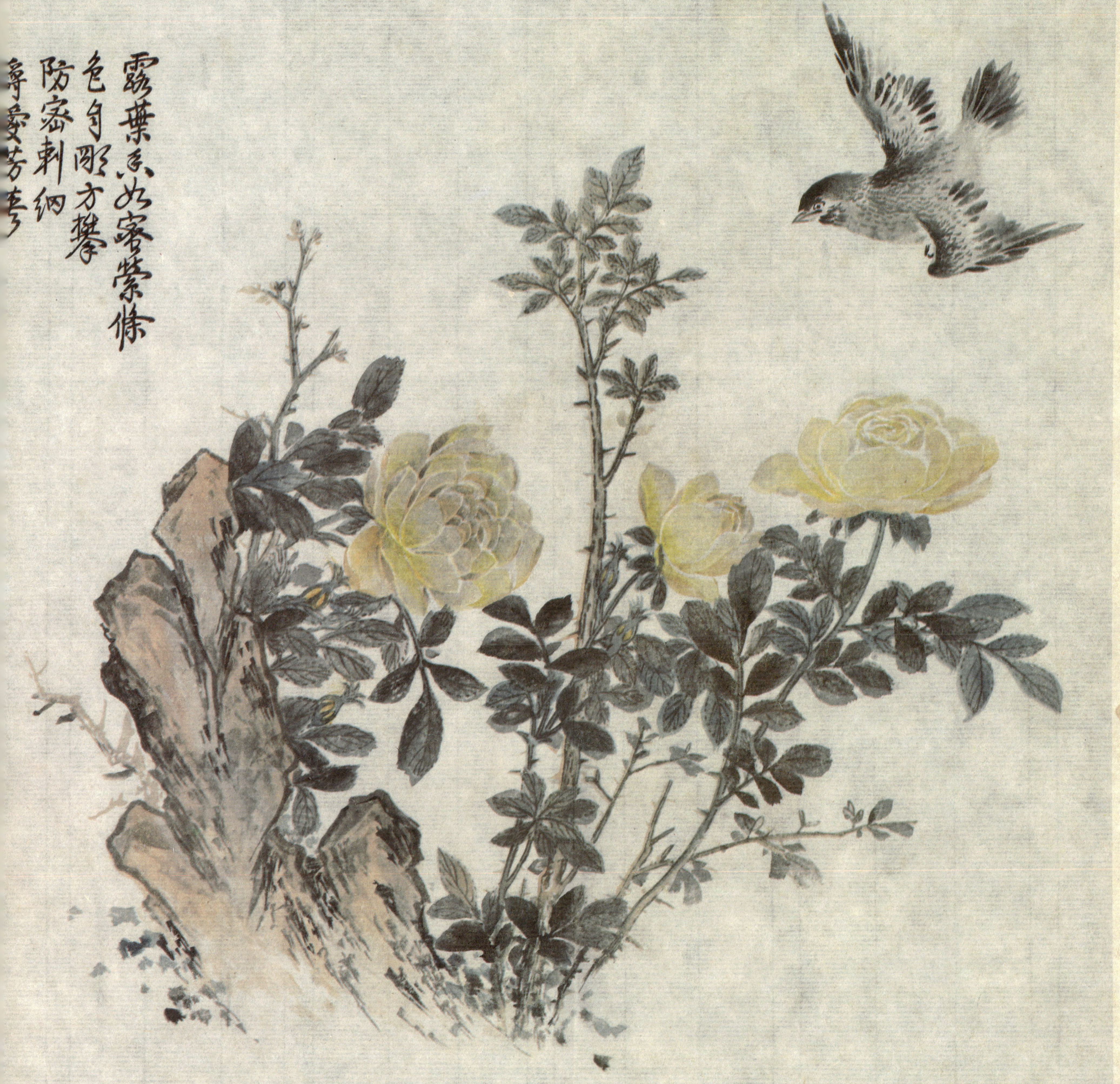

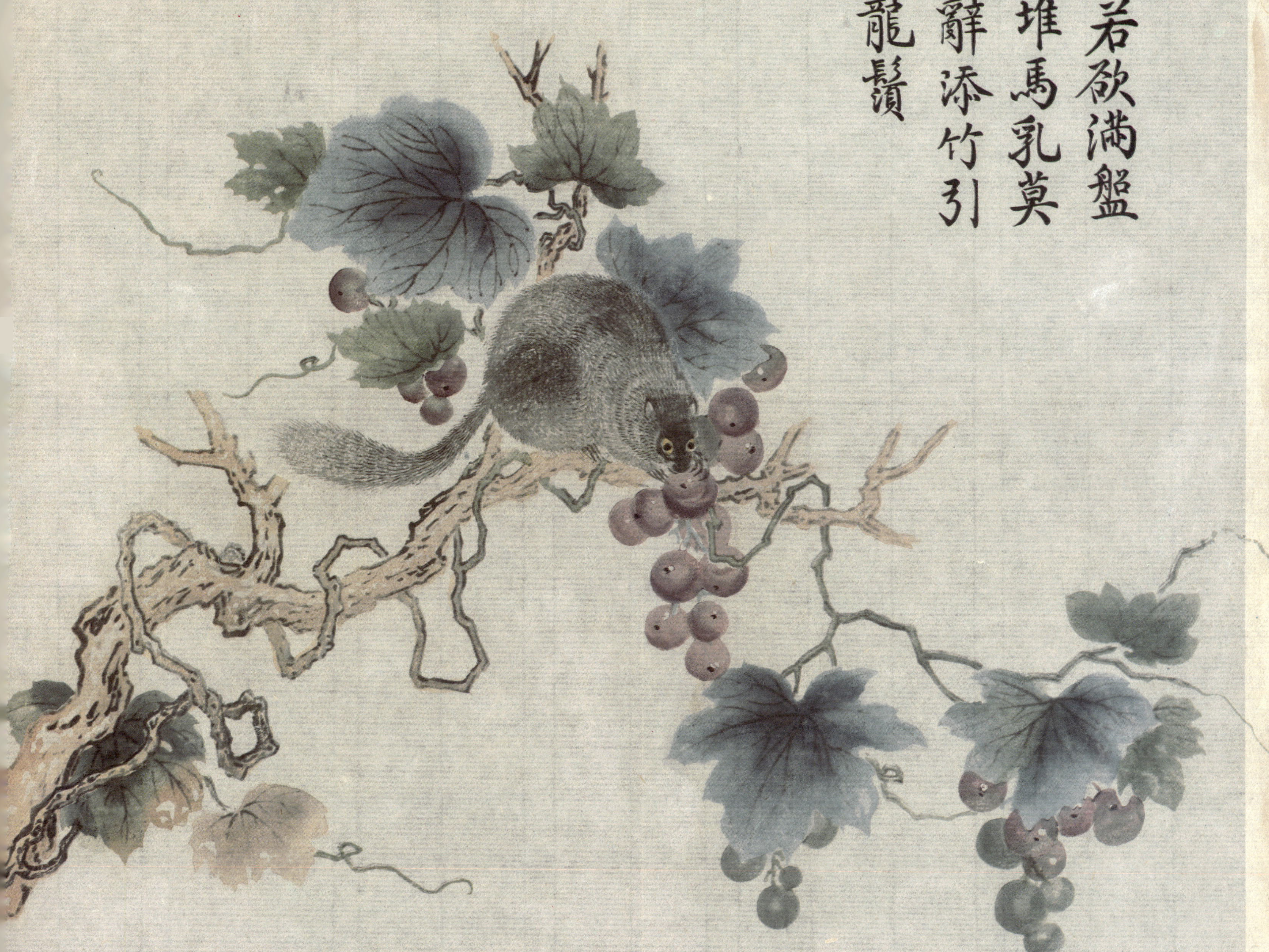
若欲滿盤
堆馬乳莫
辭添竹引
龍鬚

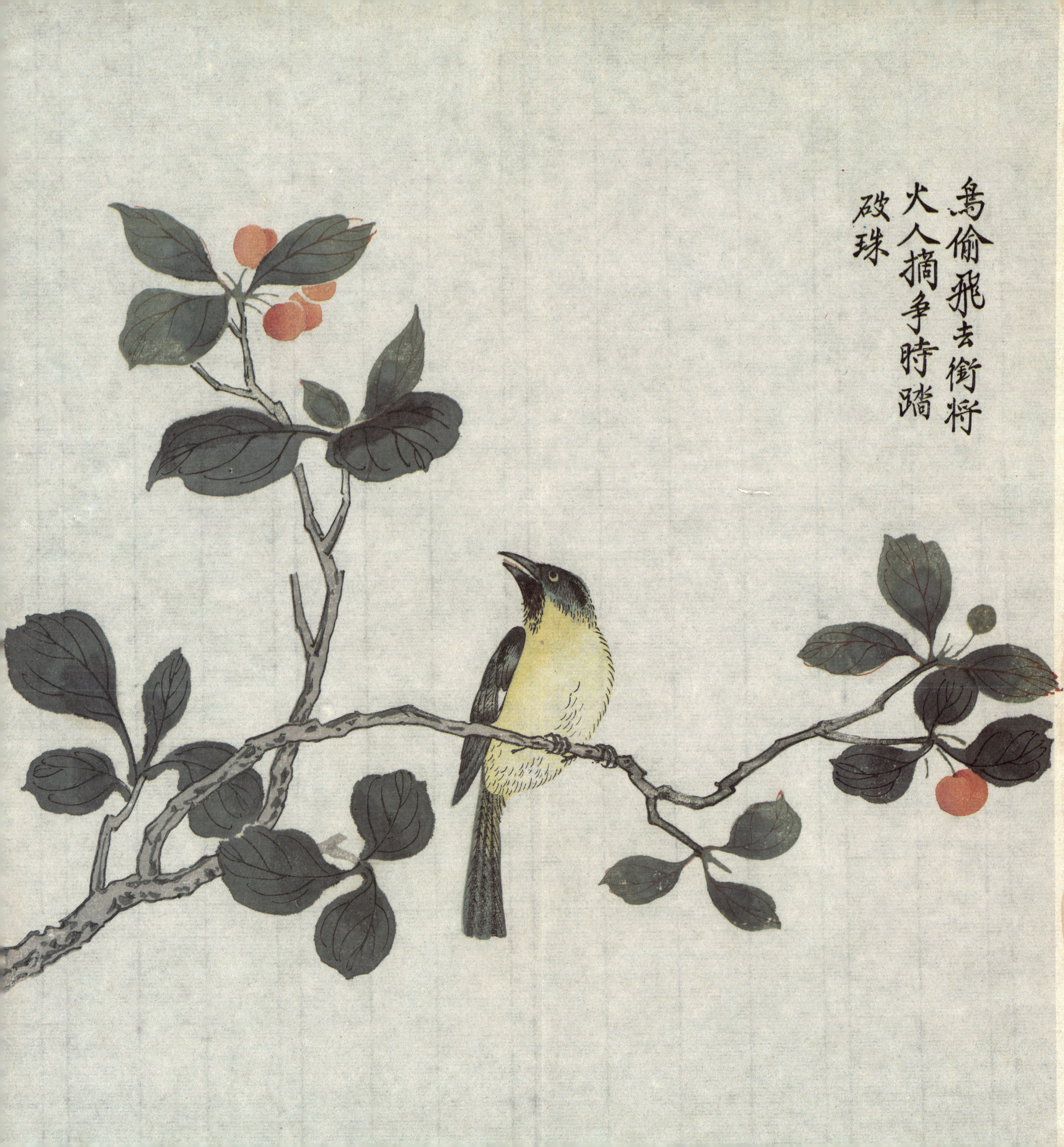
鳥偷飛去銜将
火人摘争時踏
破珠

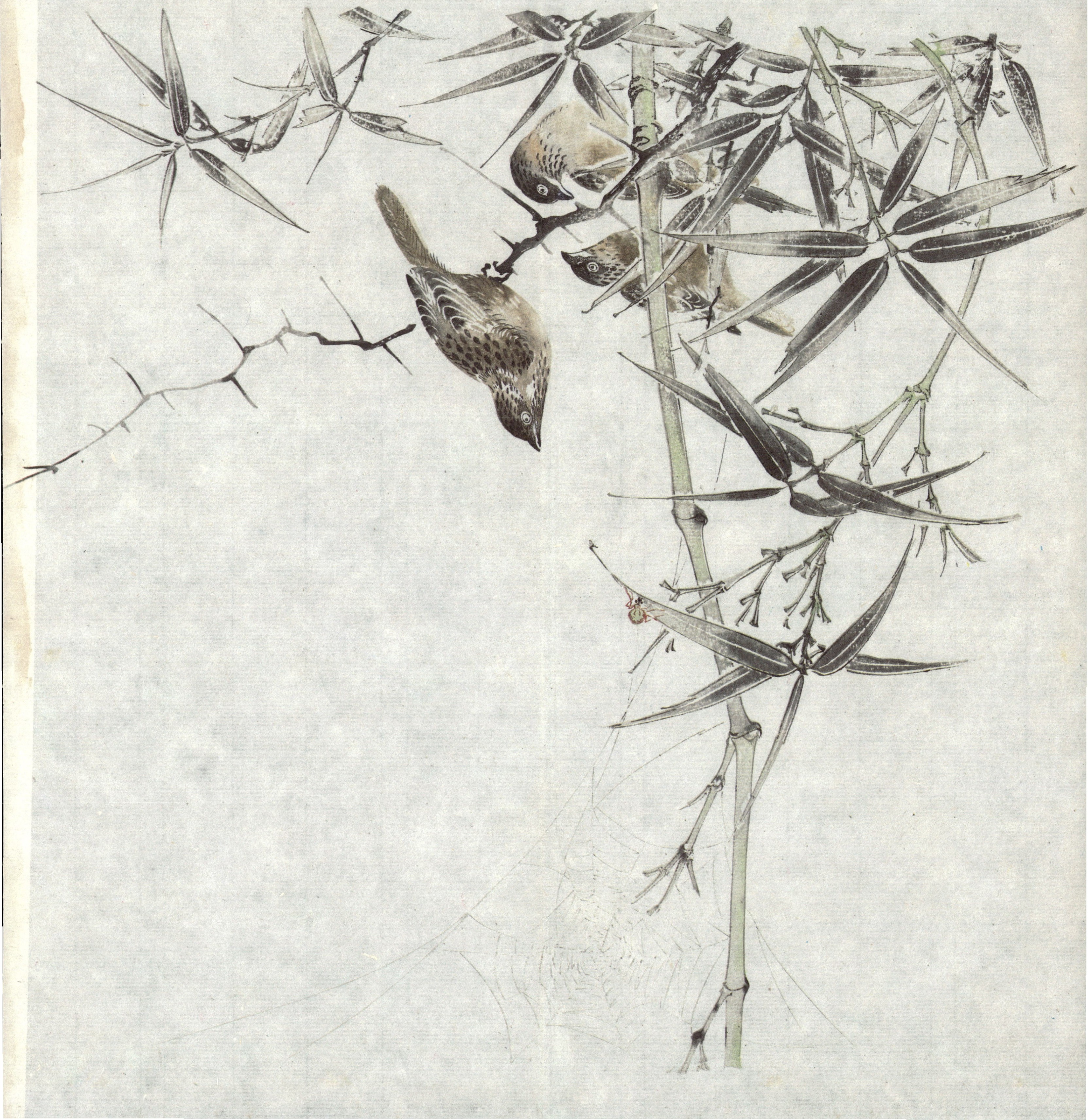

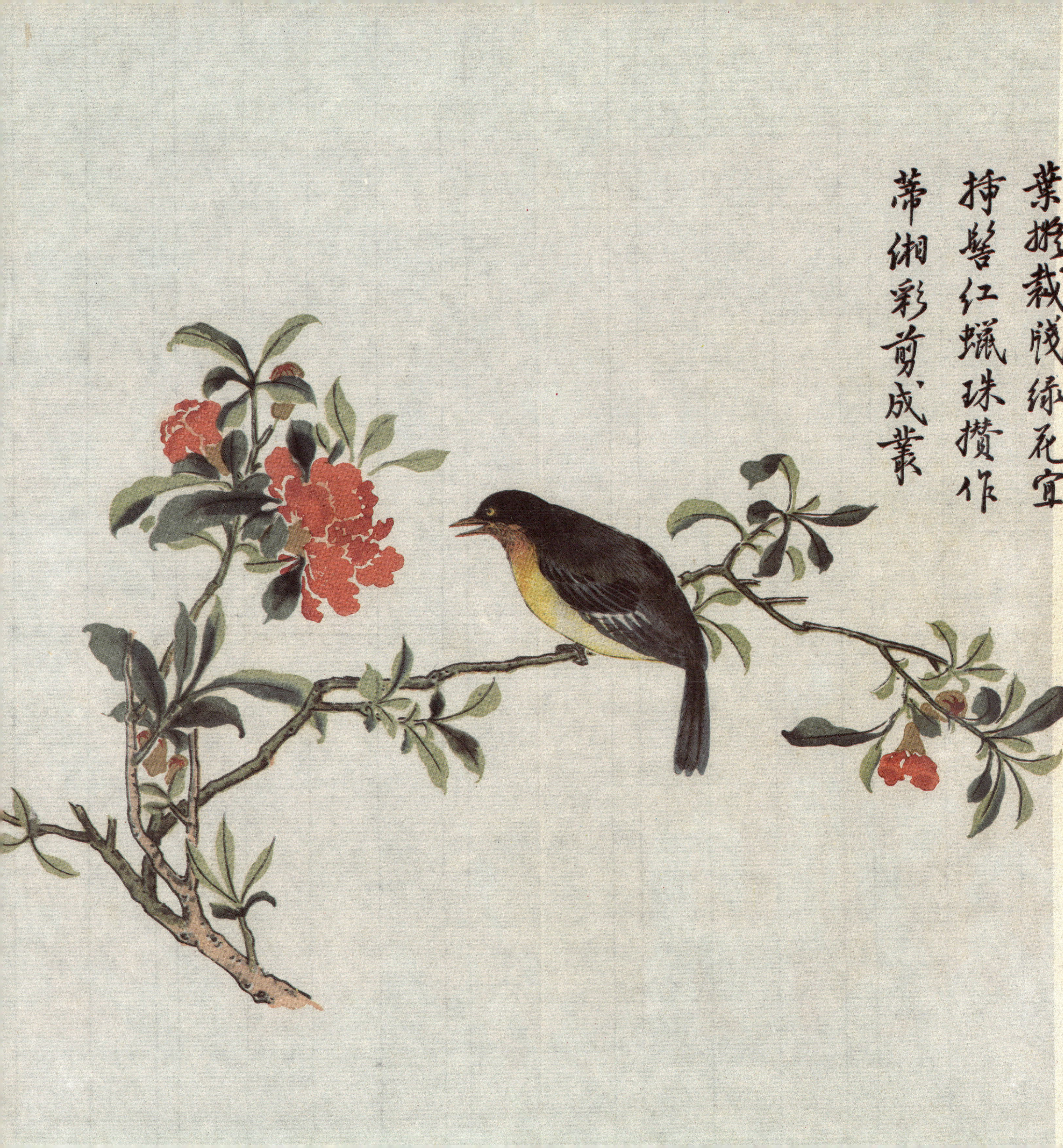
葉擘裁殘綠花宜
插鬢紅蠟珠攢作
蒂緗彩剪成叢

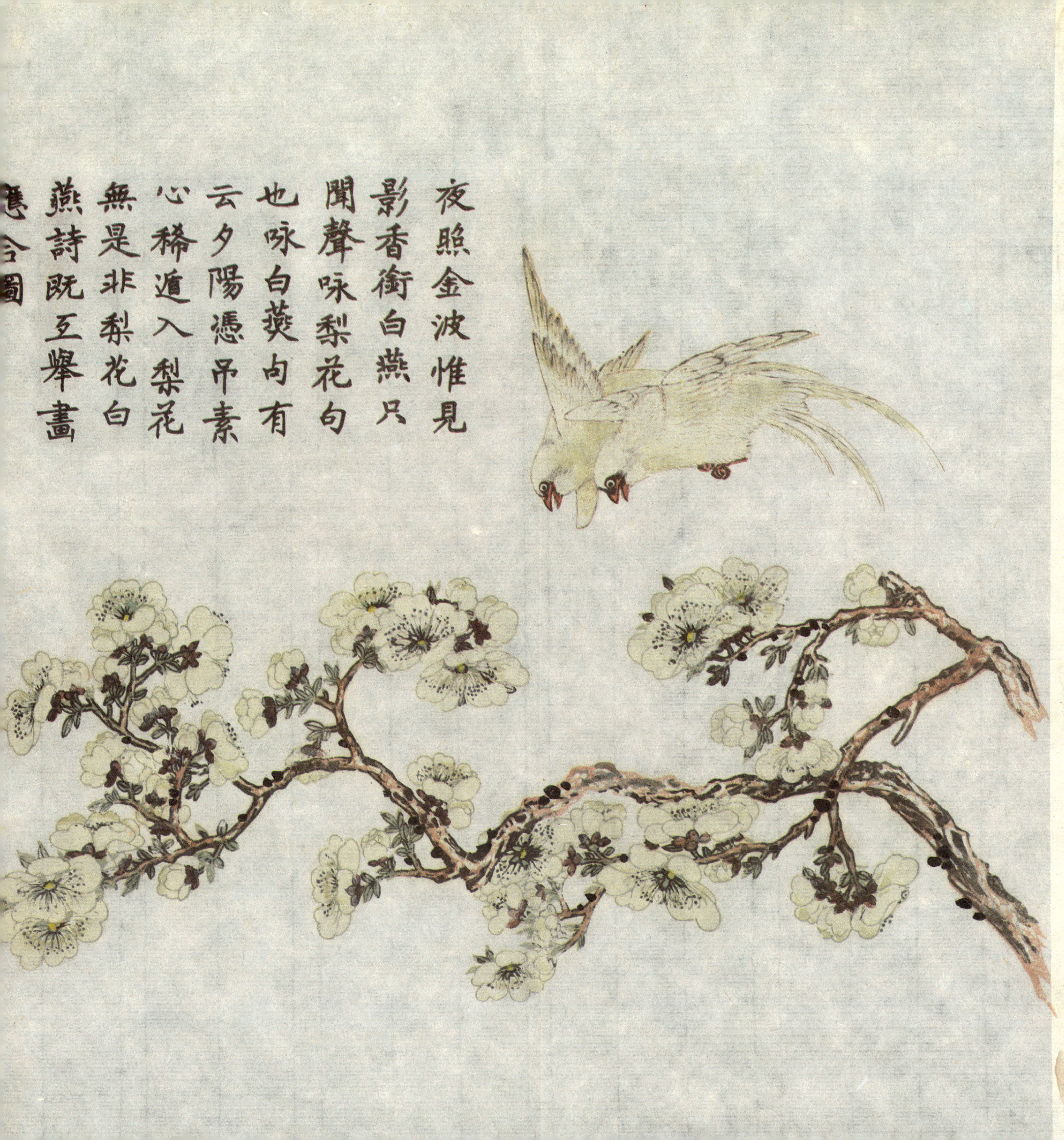
夜照金波惟見
影香銜白燕只
聞聲咏梨花句
也咏白燕句有
云夕陽憑弔素
心稀遁入梨花
無是非梨花白
燕詩既互舉畫

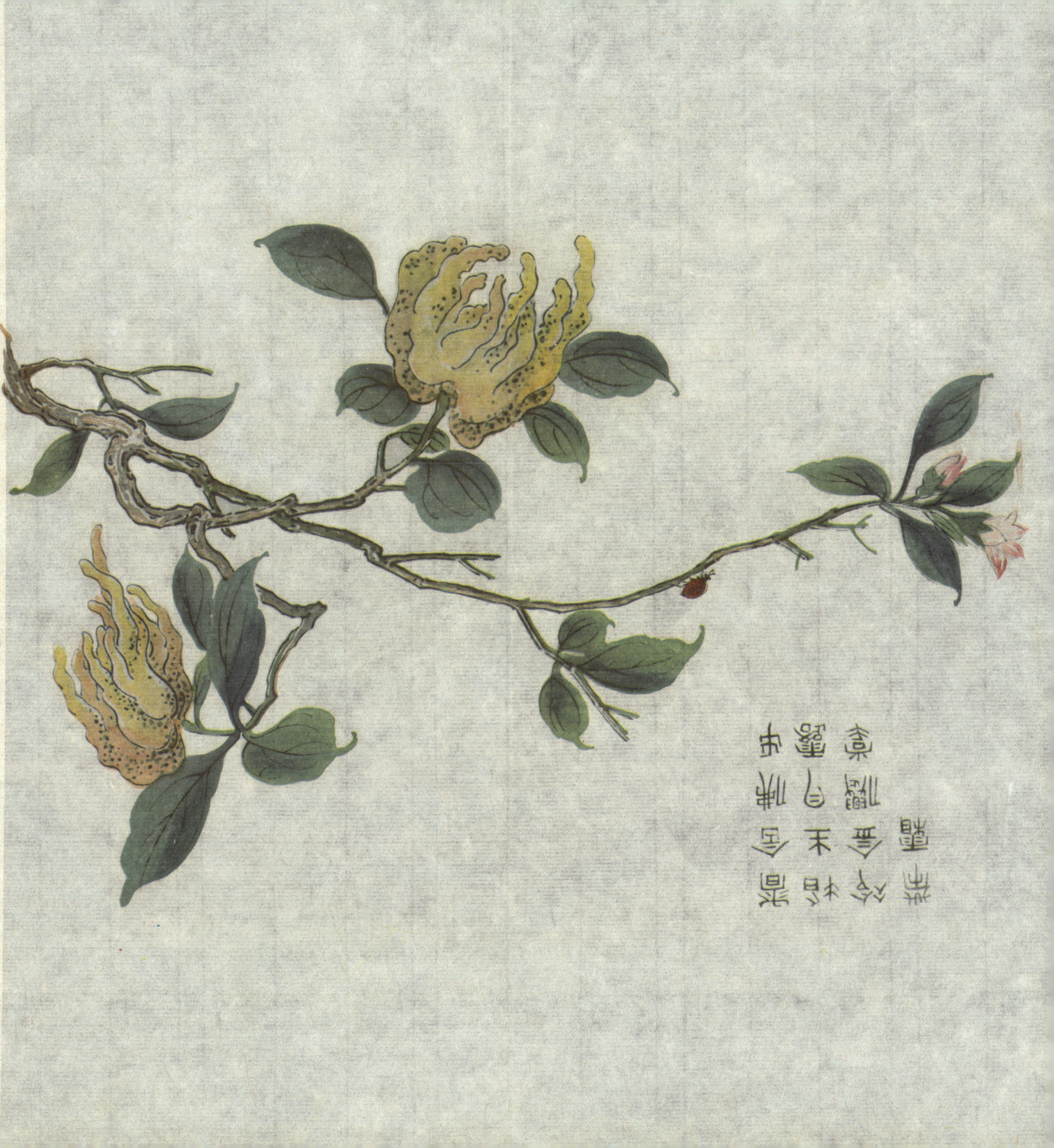

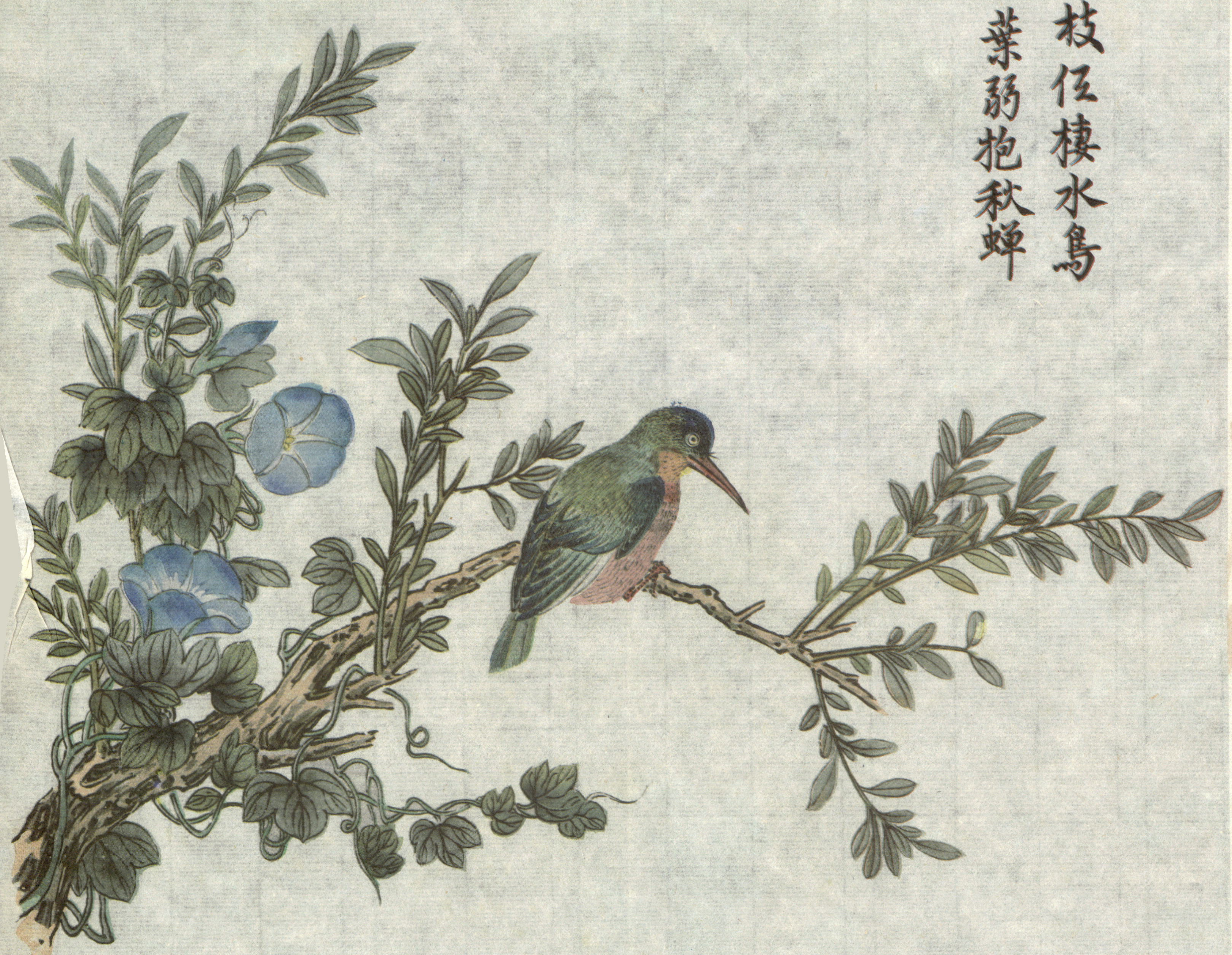
枝任棲水鳥
葉弱抱秋蟬

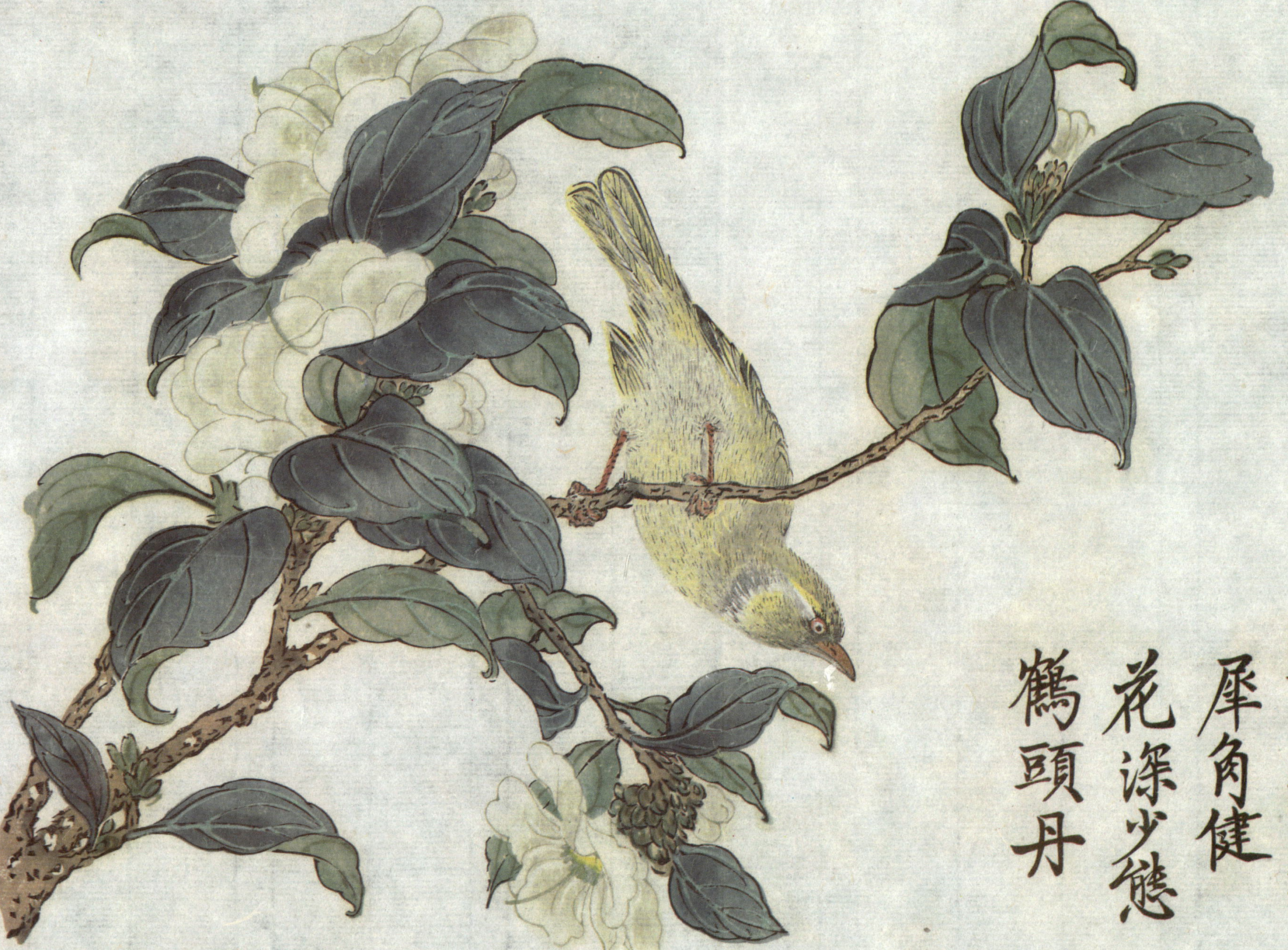

葉厚有稜犀角健
花深少態鶴頭丹

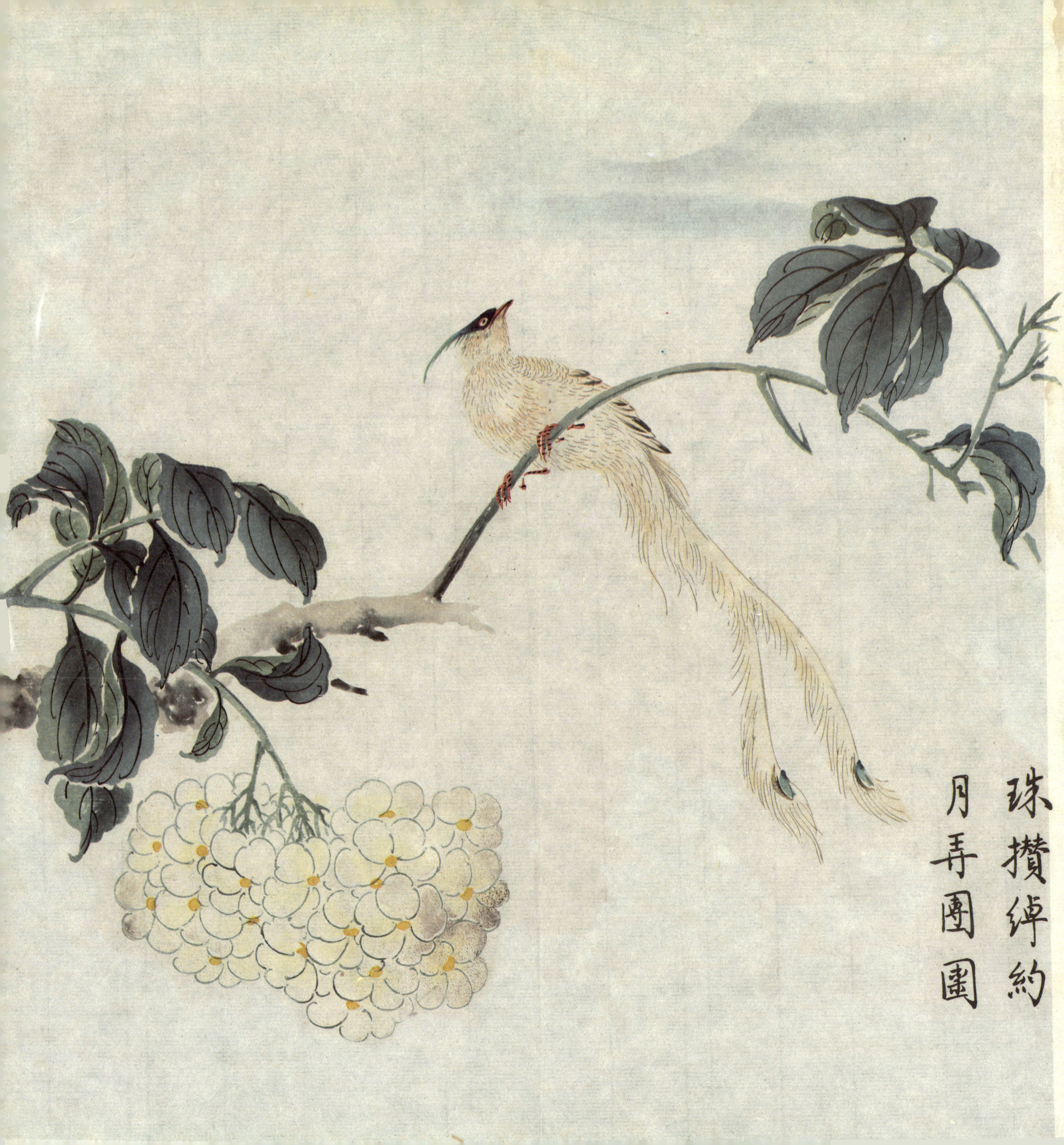
珠攢綽約
月壽團圓

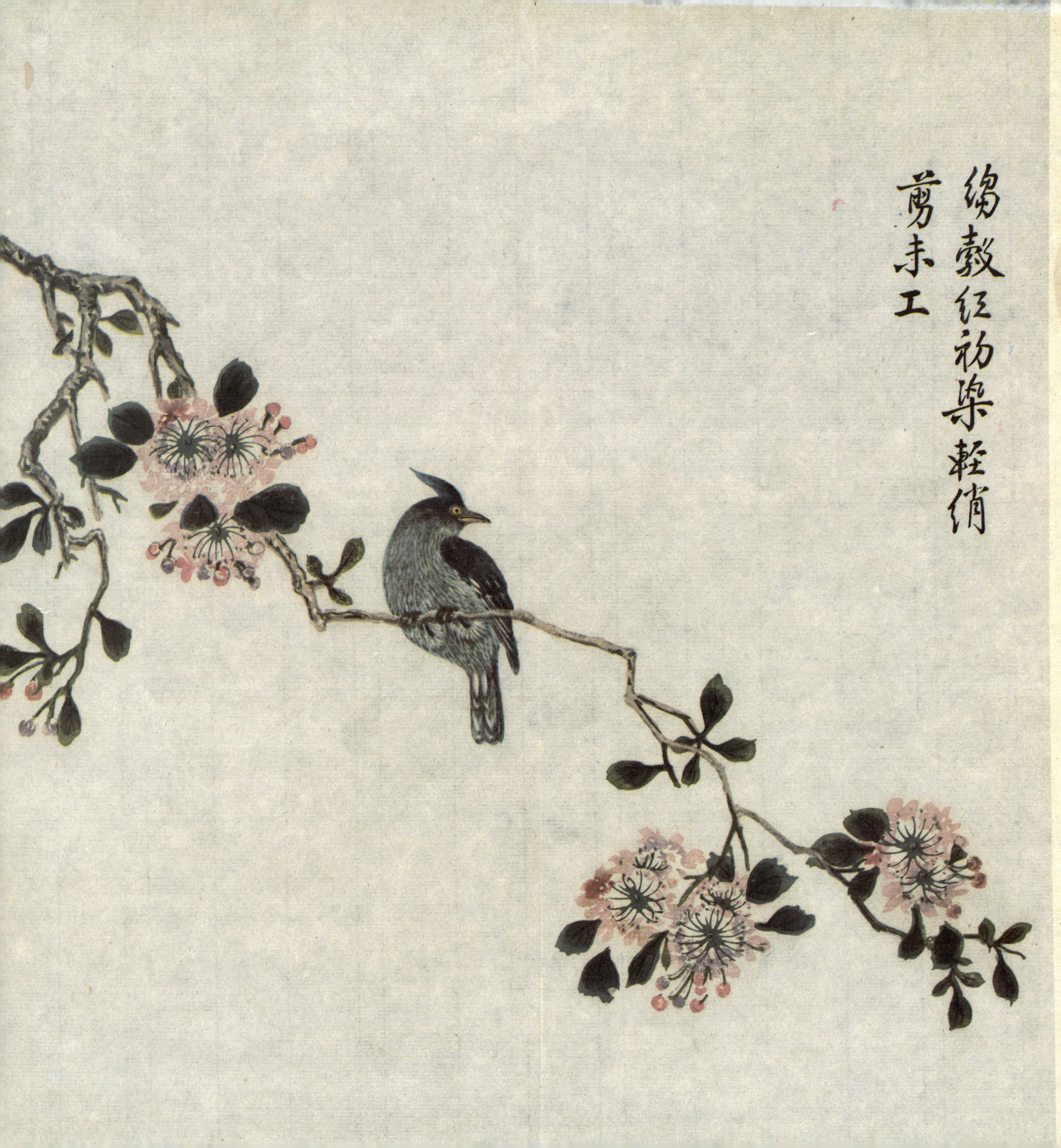
縐縠紅初染輕綃
剪未工

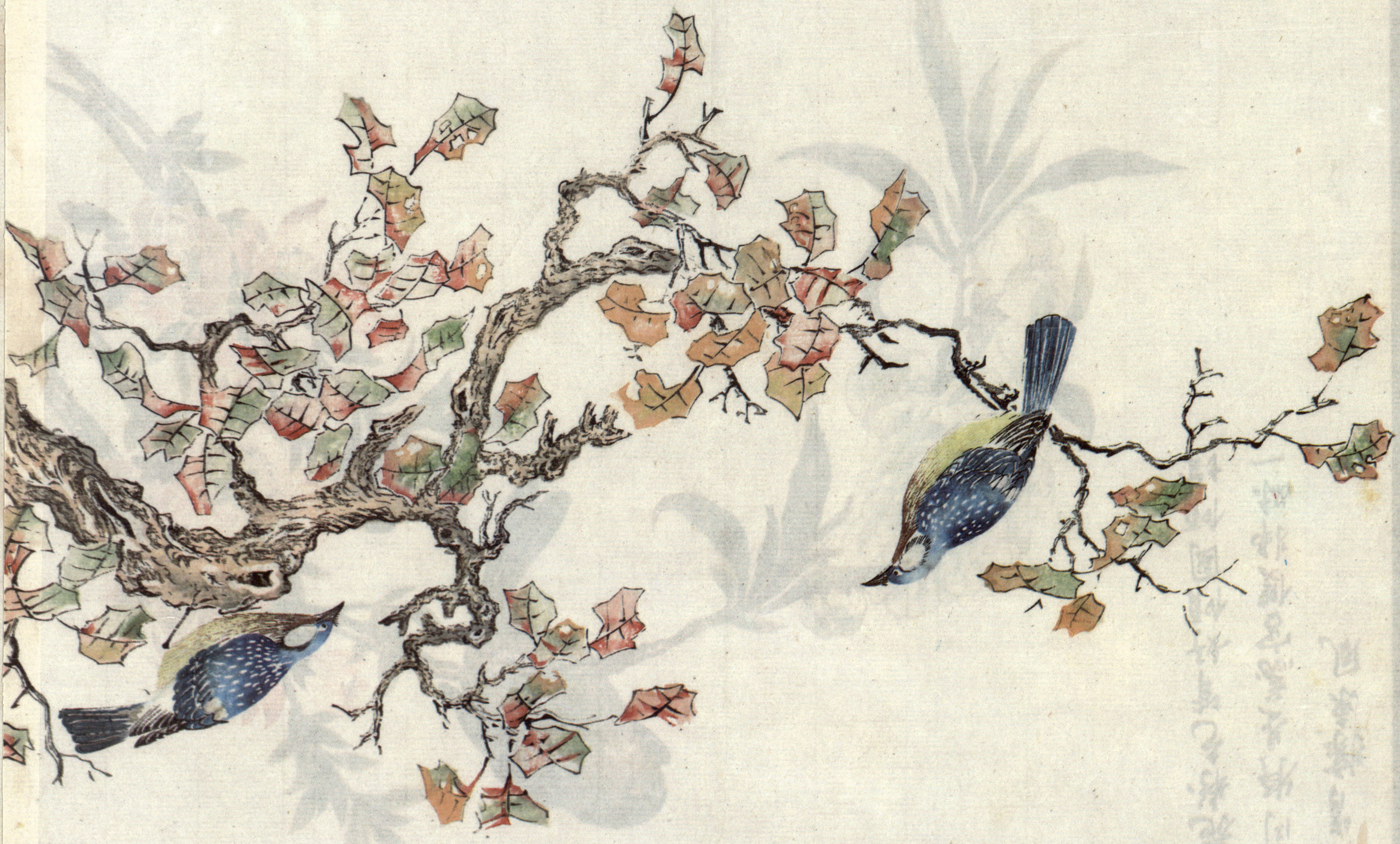

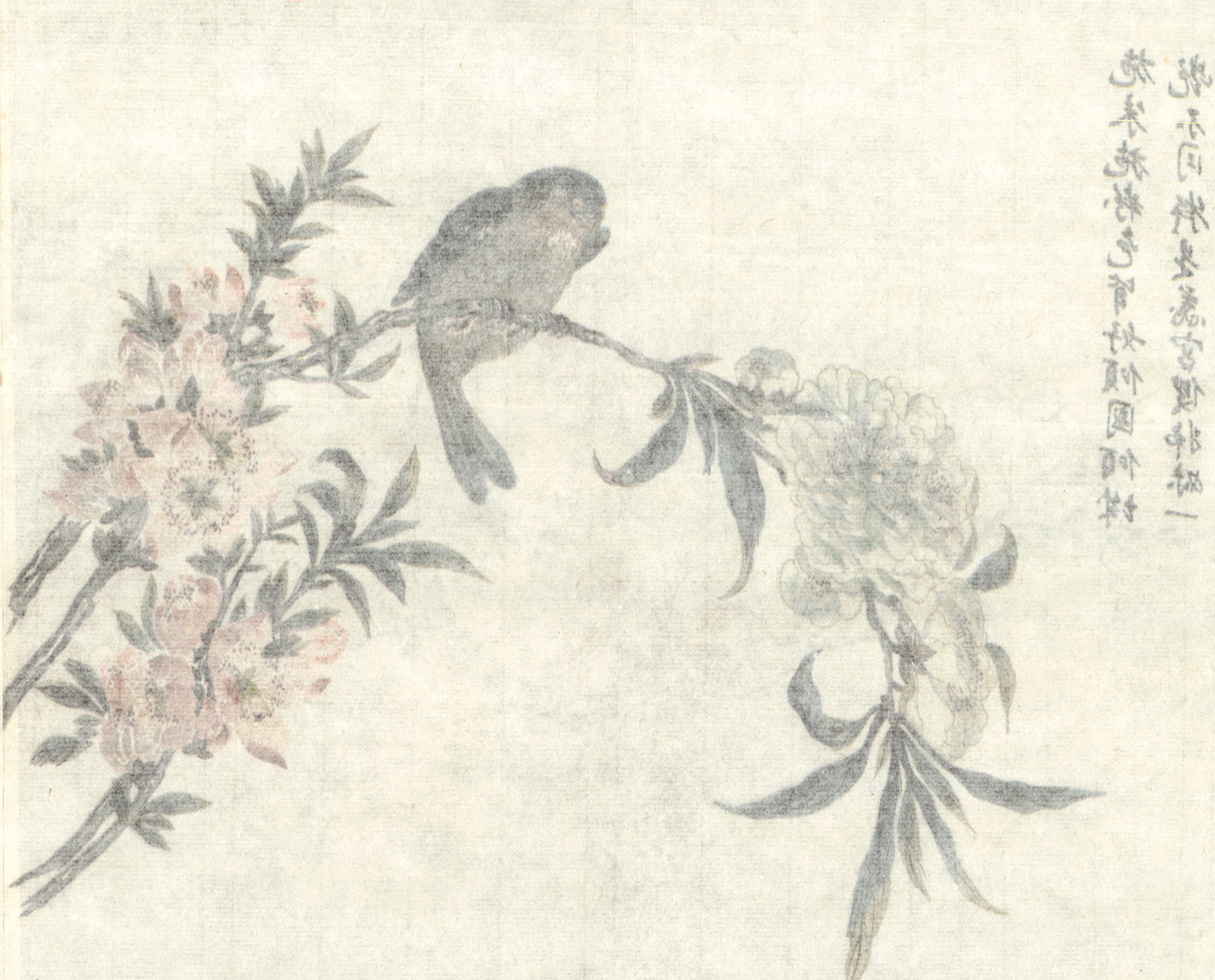

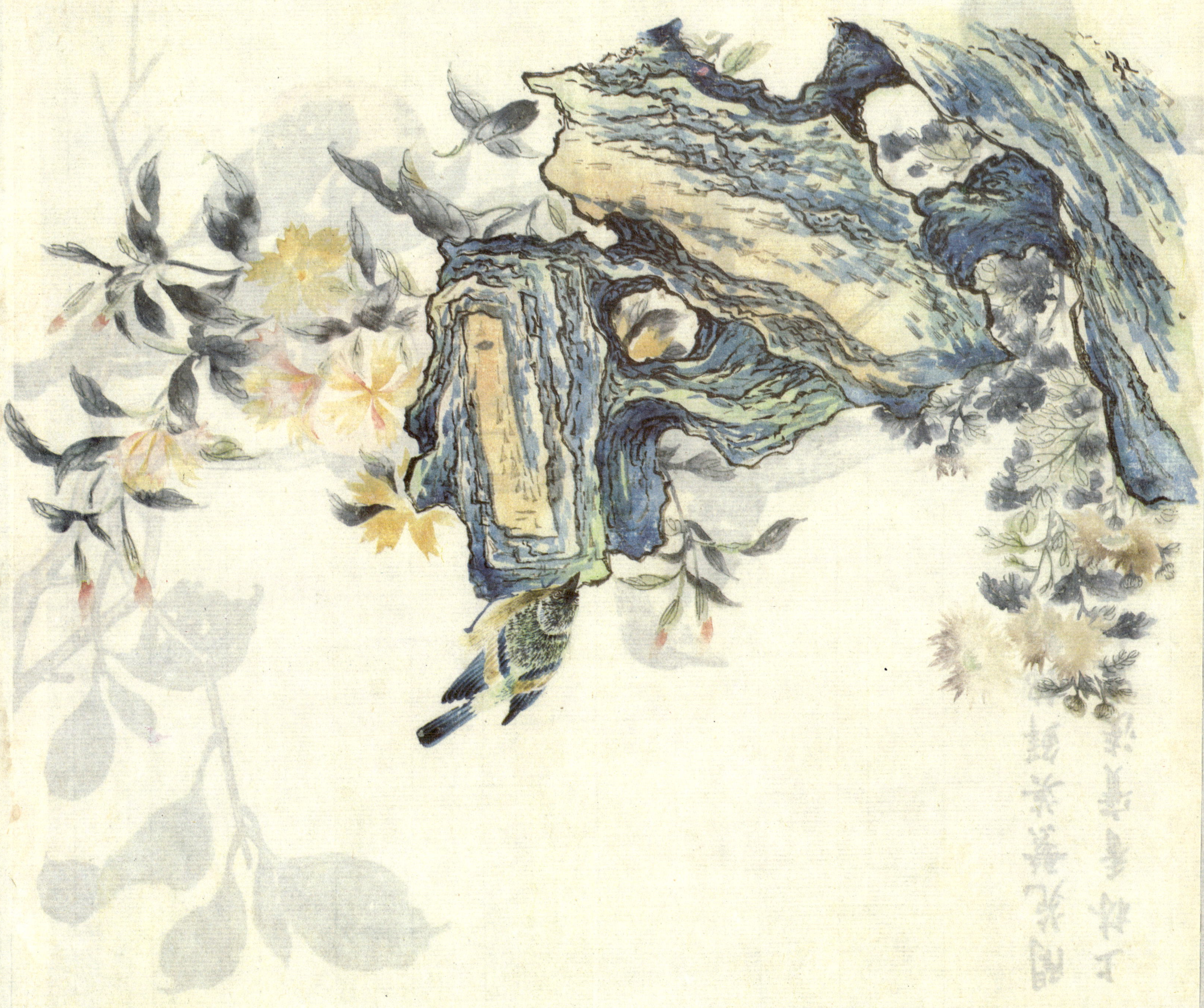

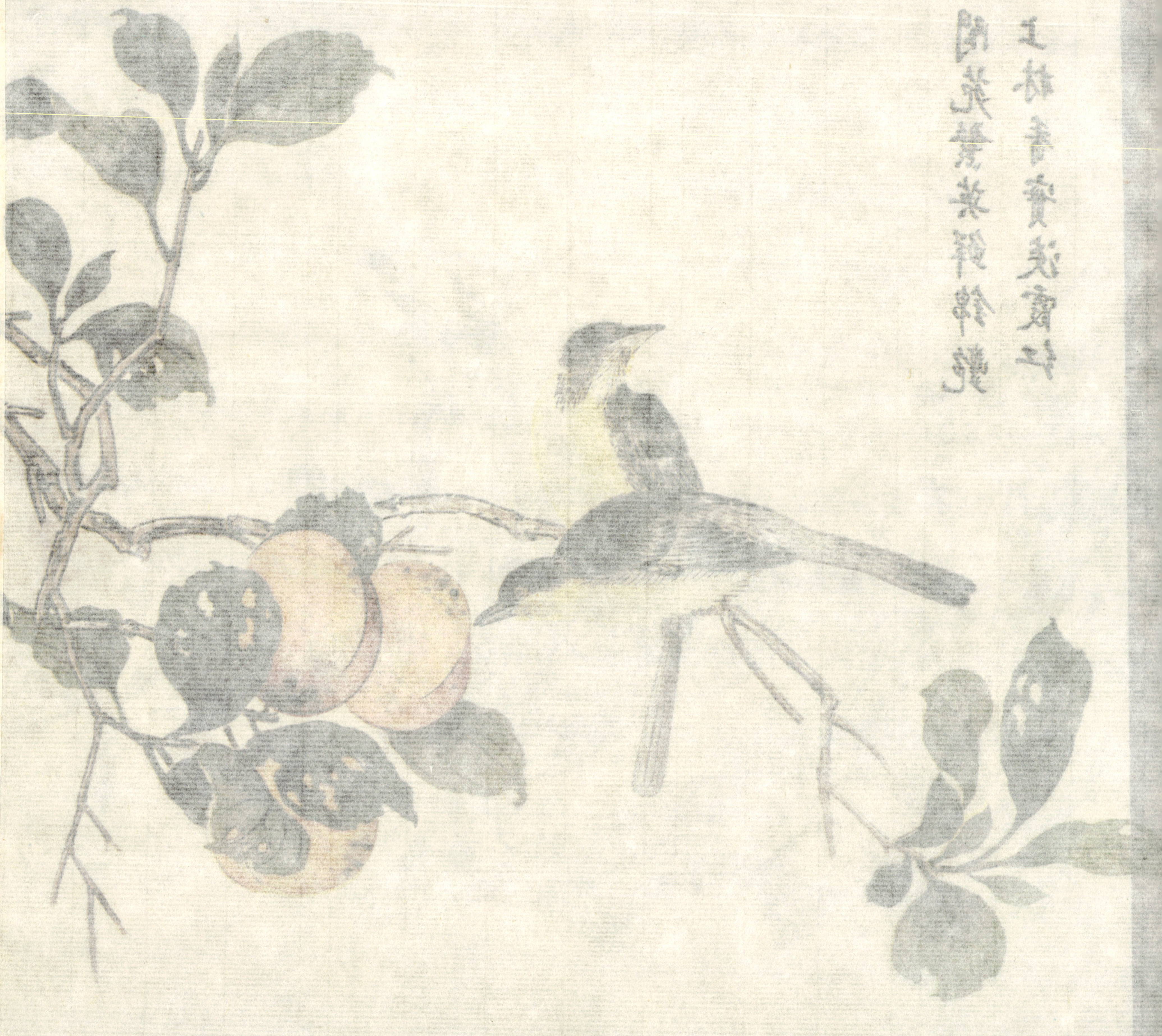

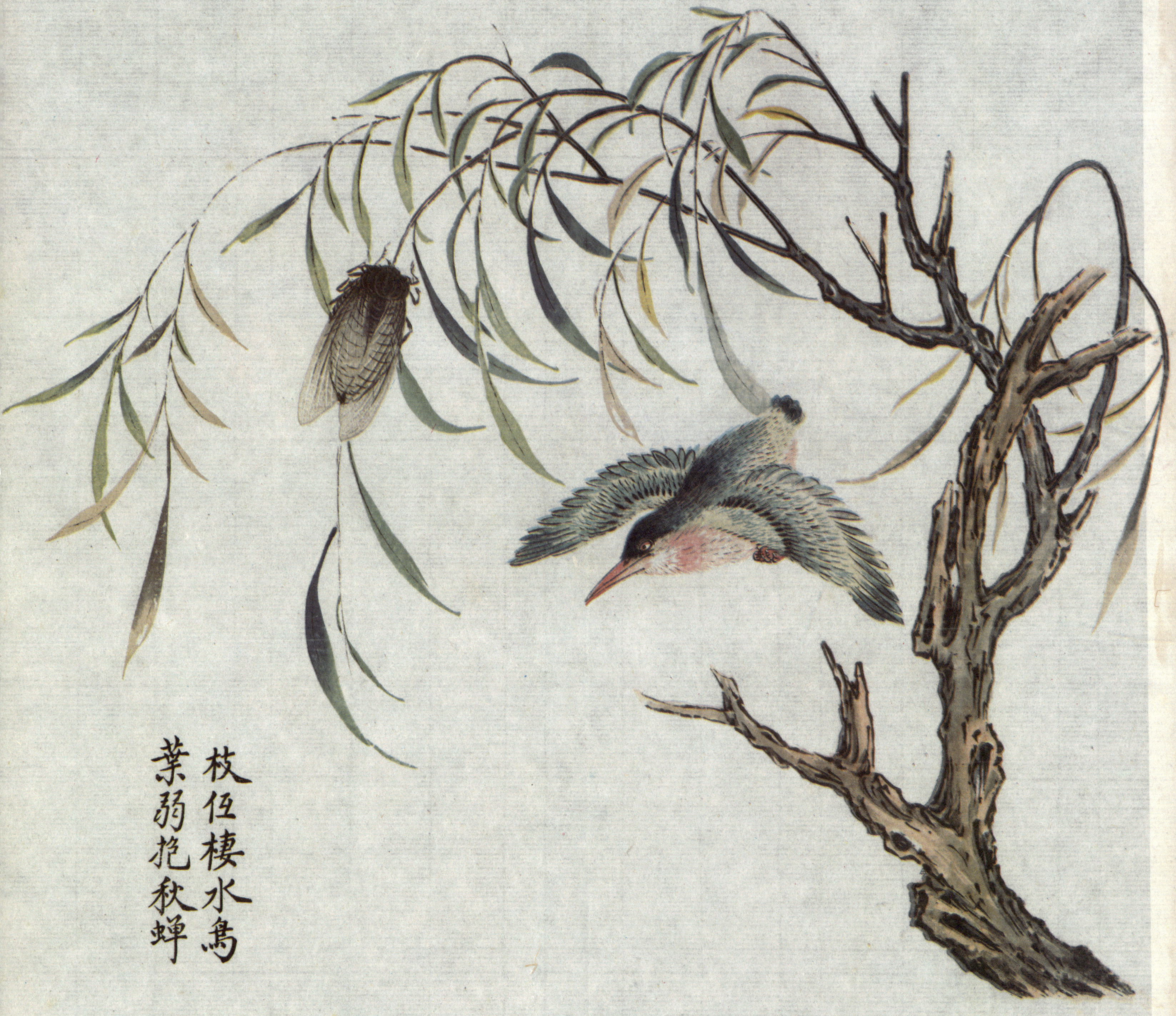
枝任棲水鳥
葉弱抱秋蟬

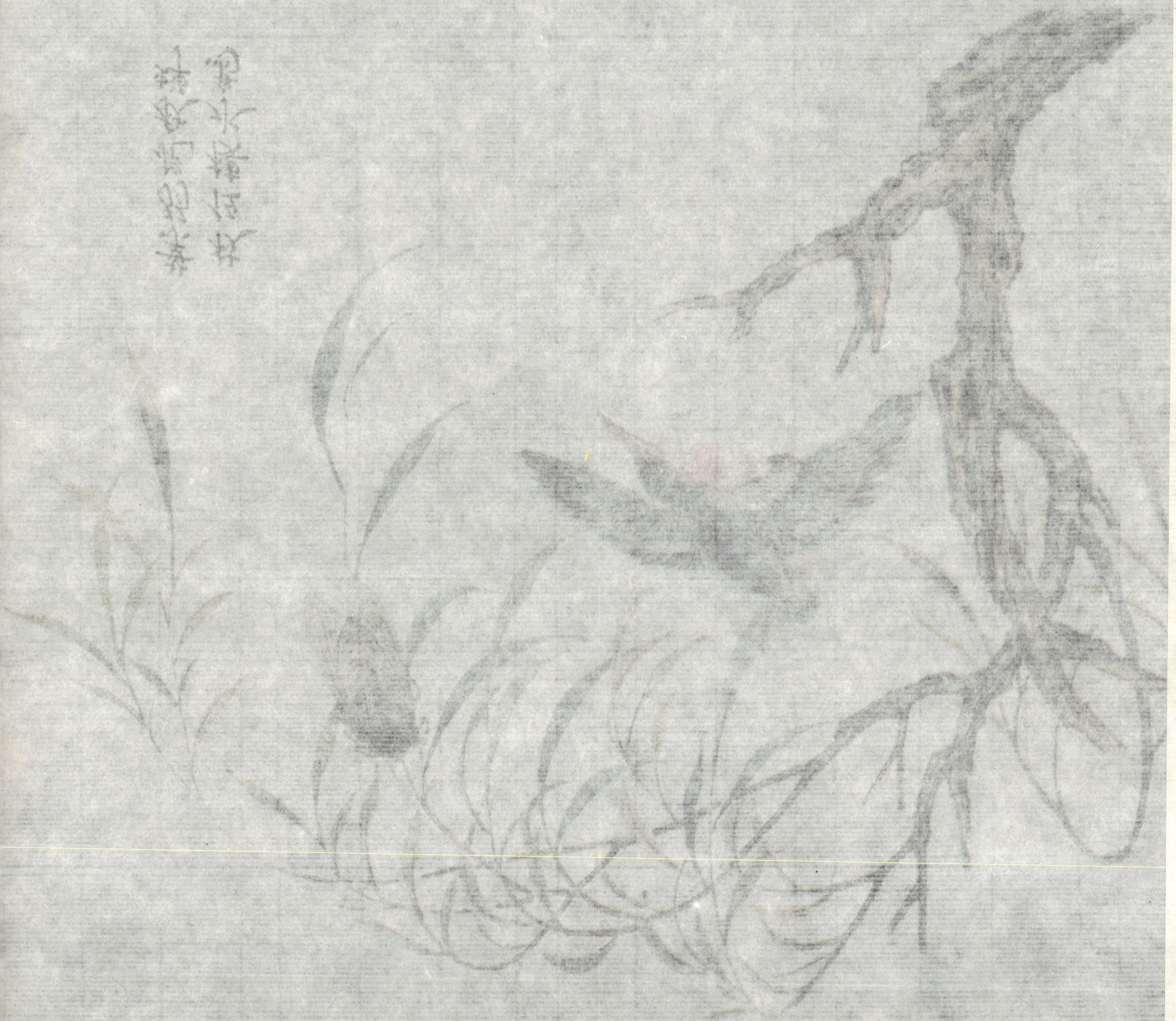

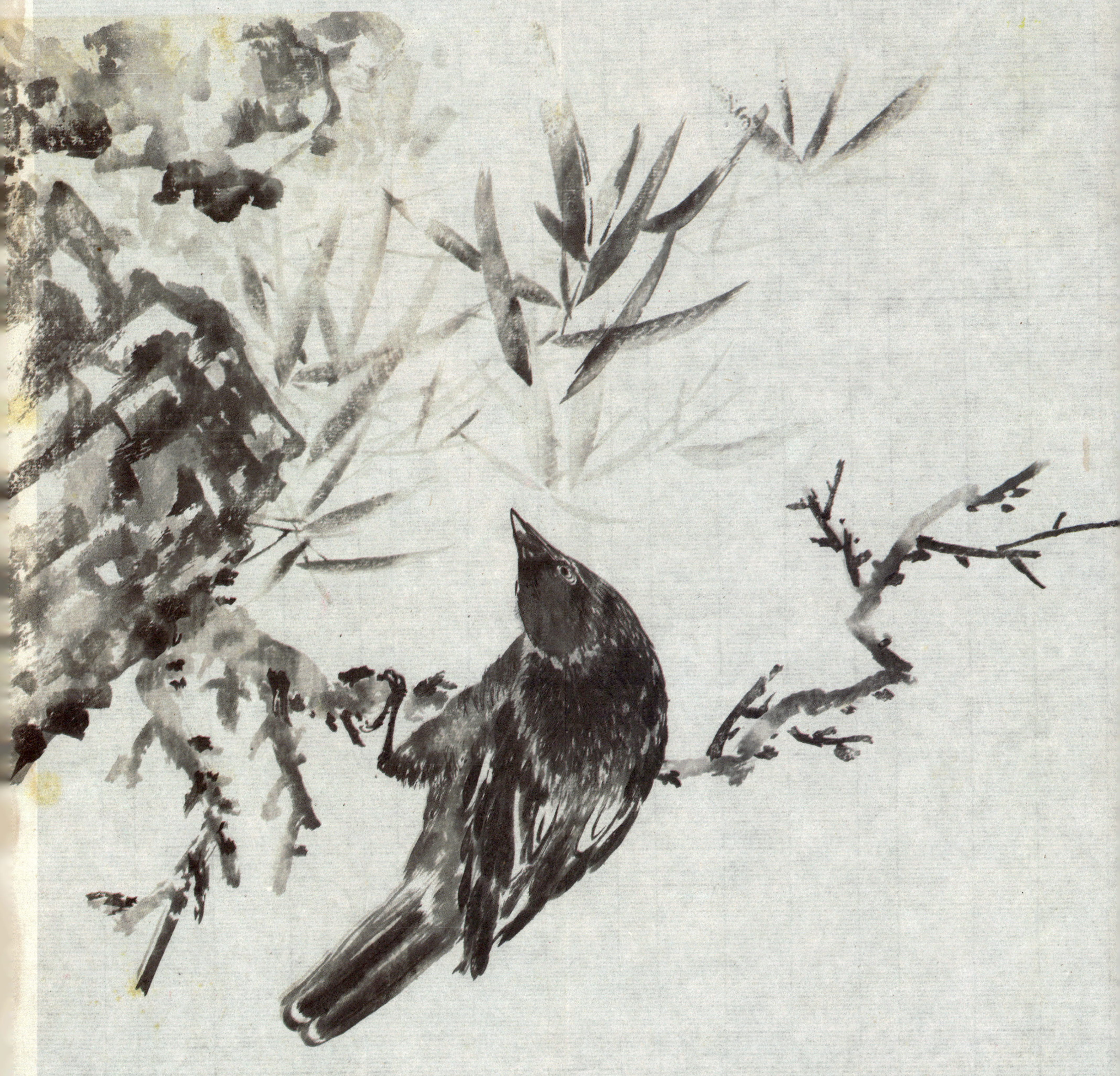

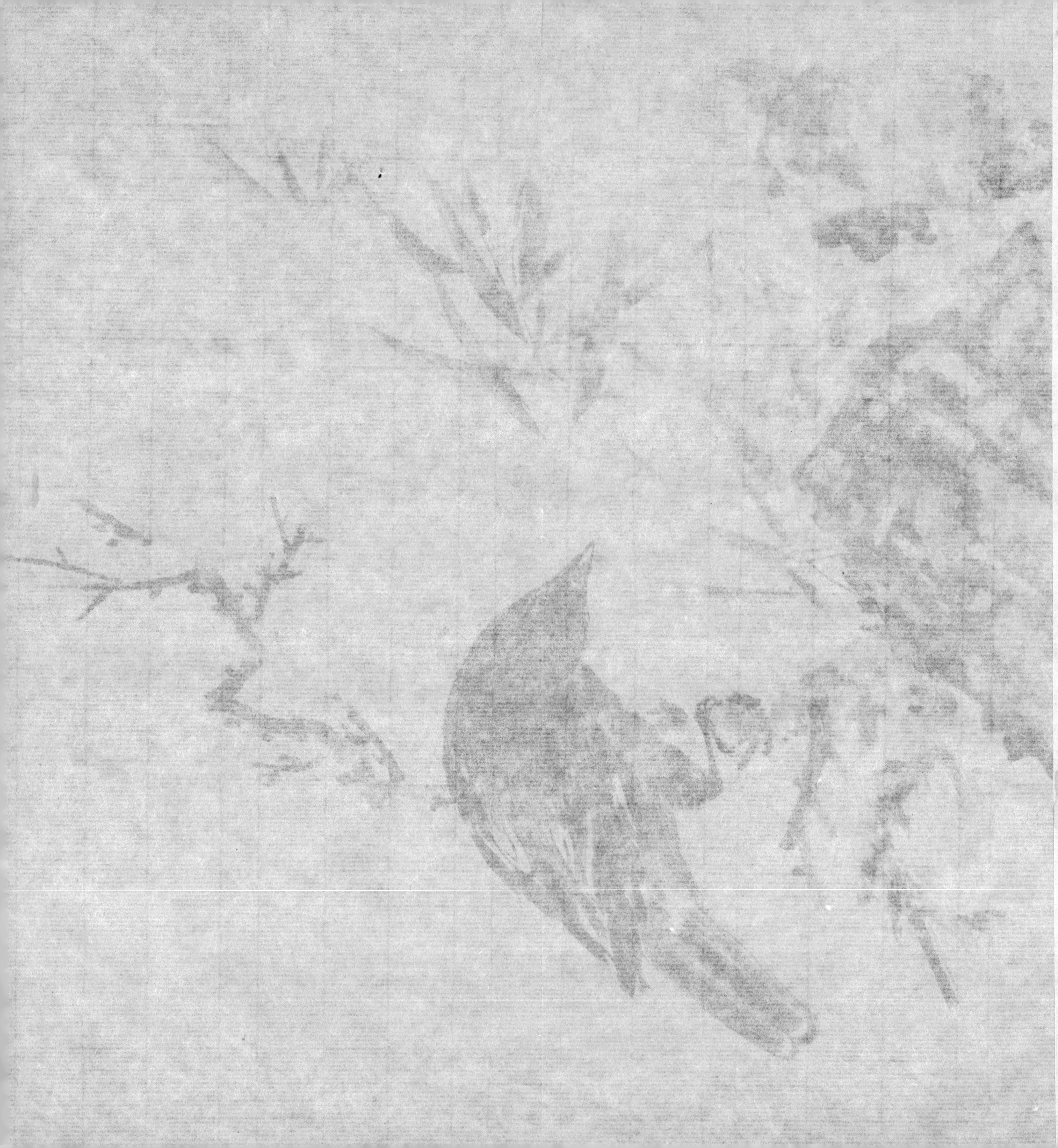

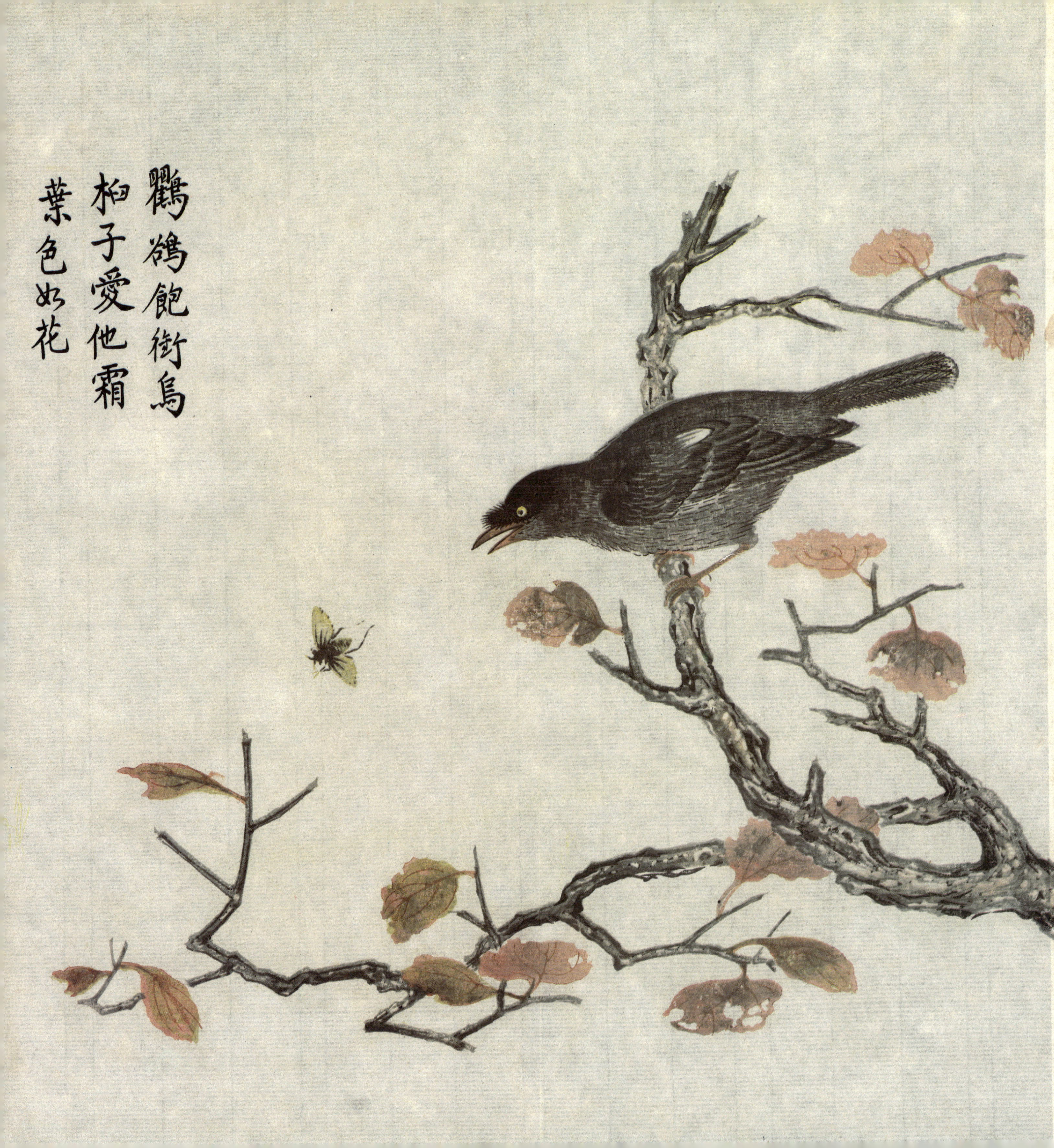
鸜鵒飽銜烏
桕子愛他霜
葉色如花

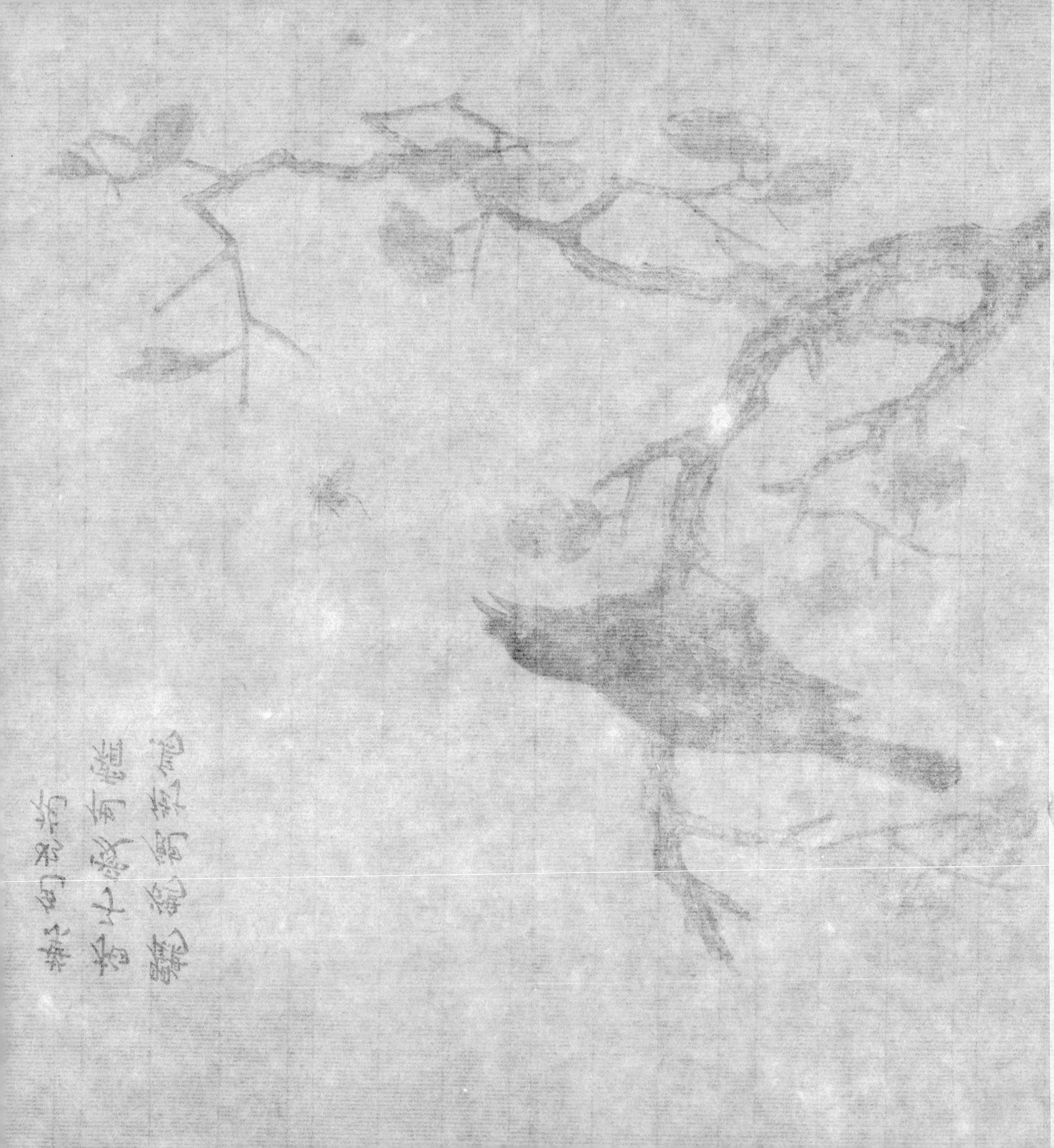

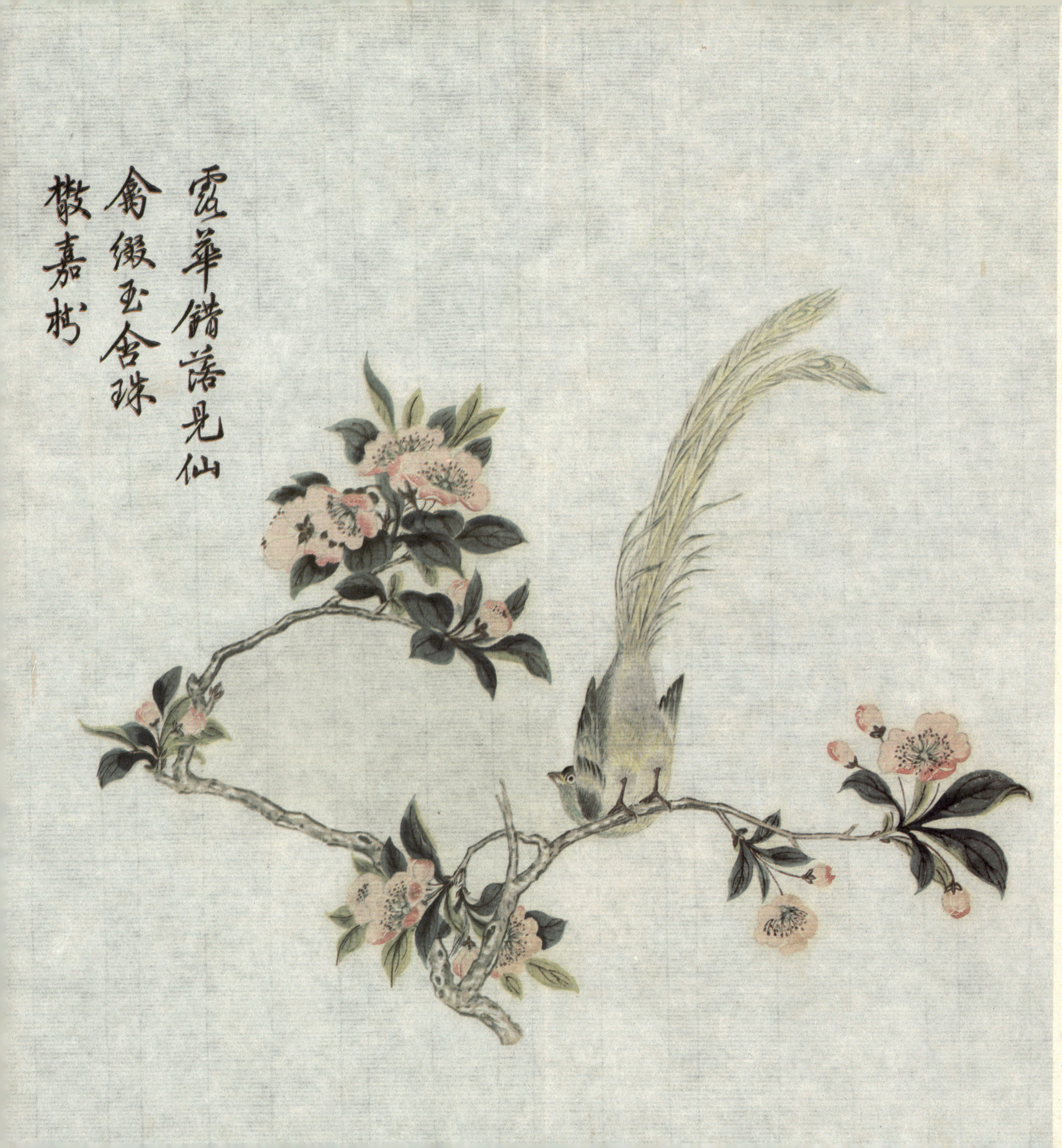
霞華錯落見仙
禽綴玉含珠
徵嘉樹

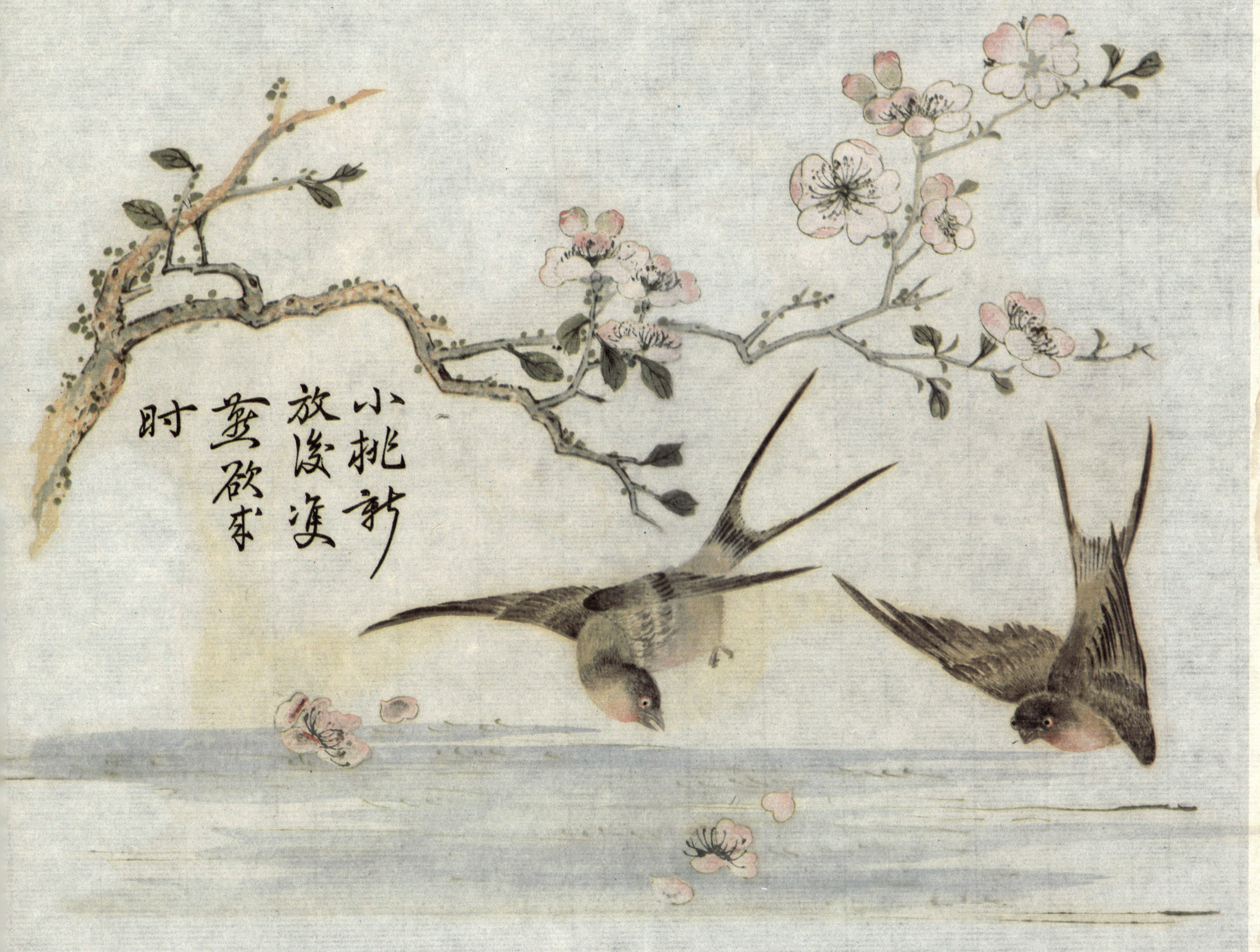
小桃新
放後復
燕欲來
时

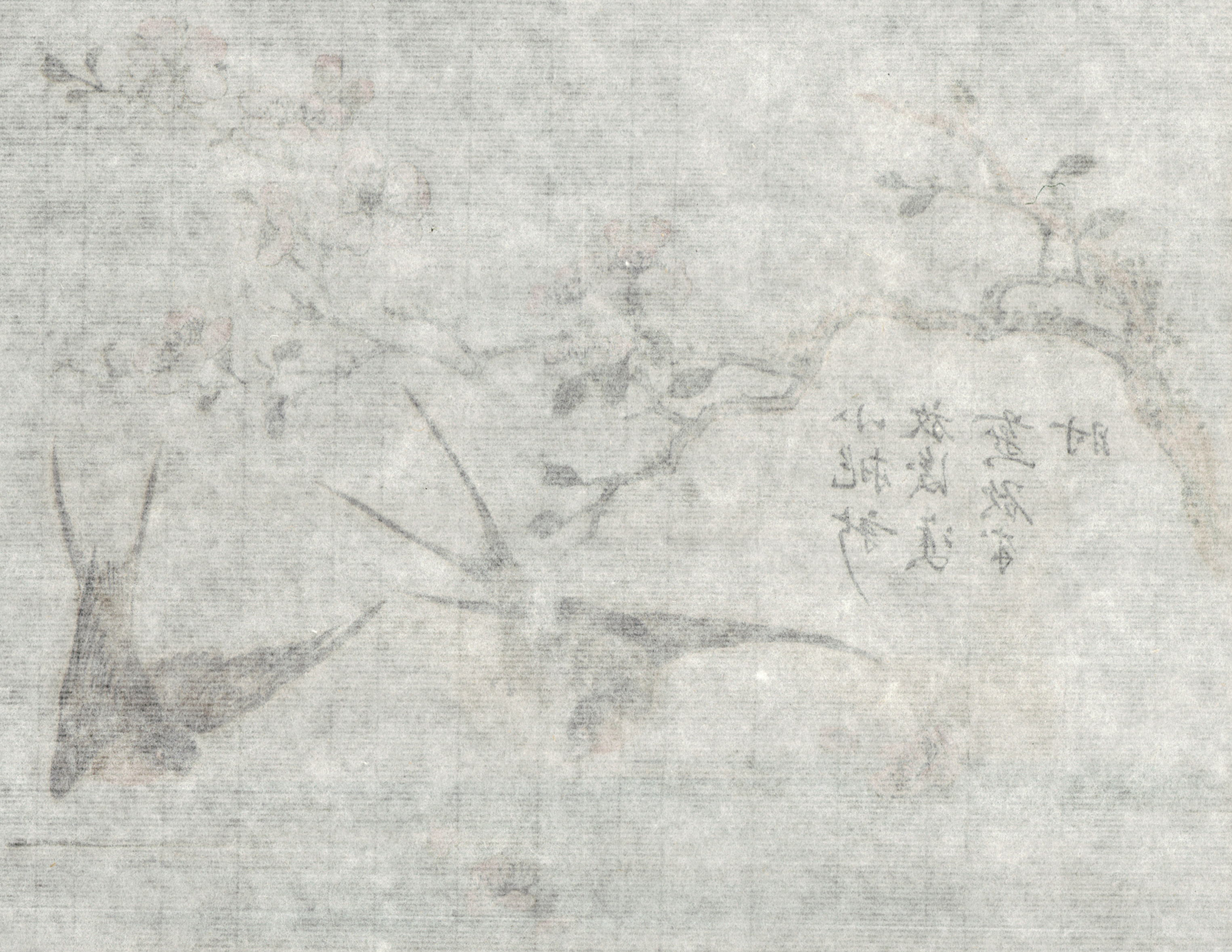

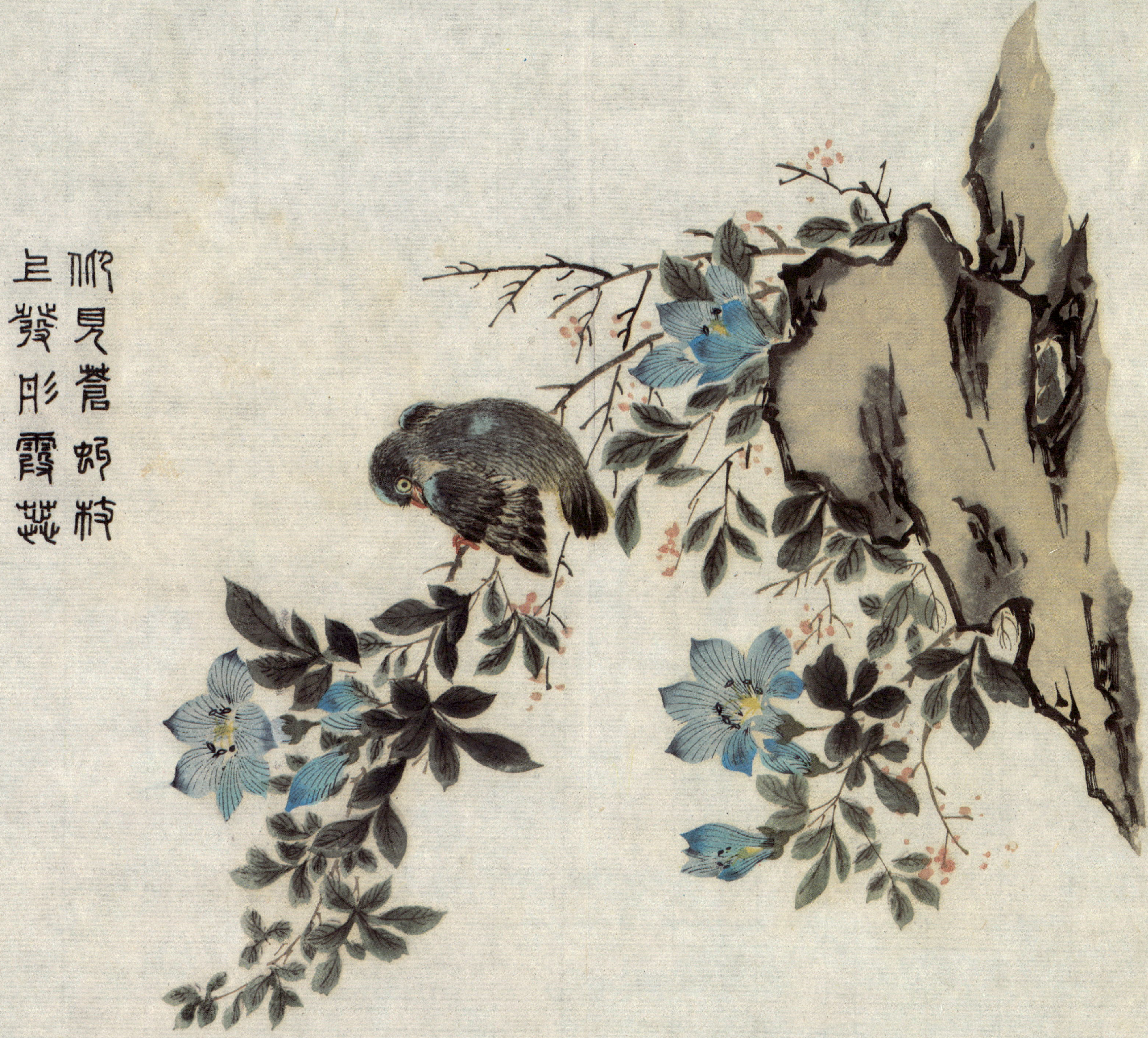
仍見蒼虯枝
上發彤霞蕊

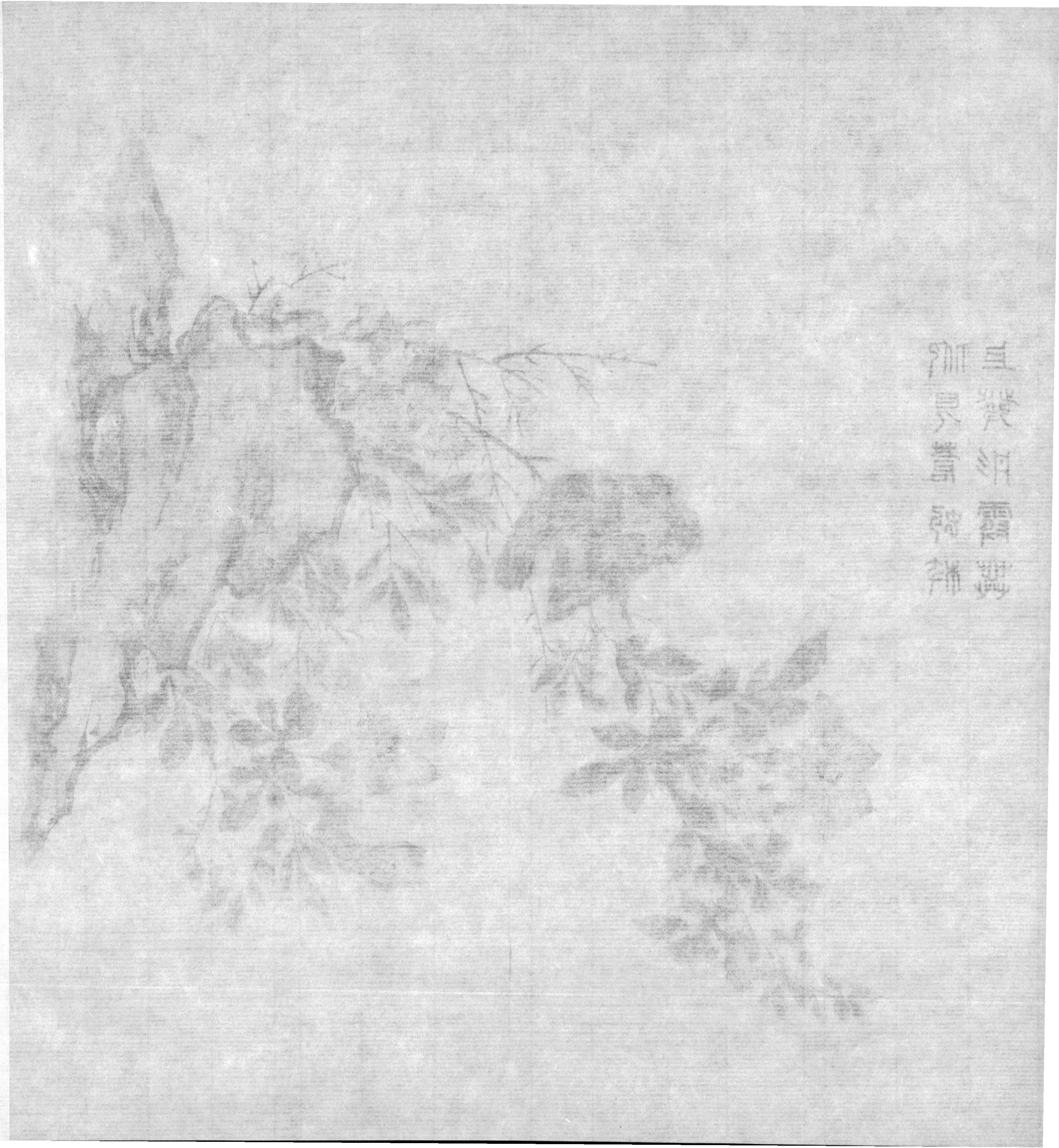

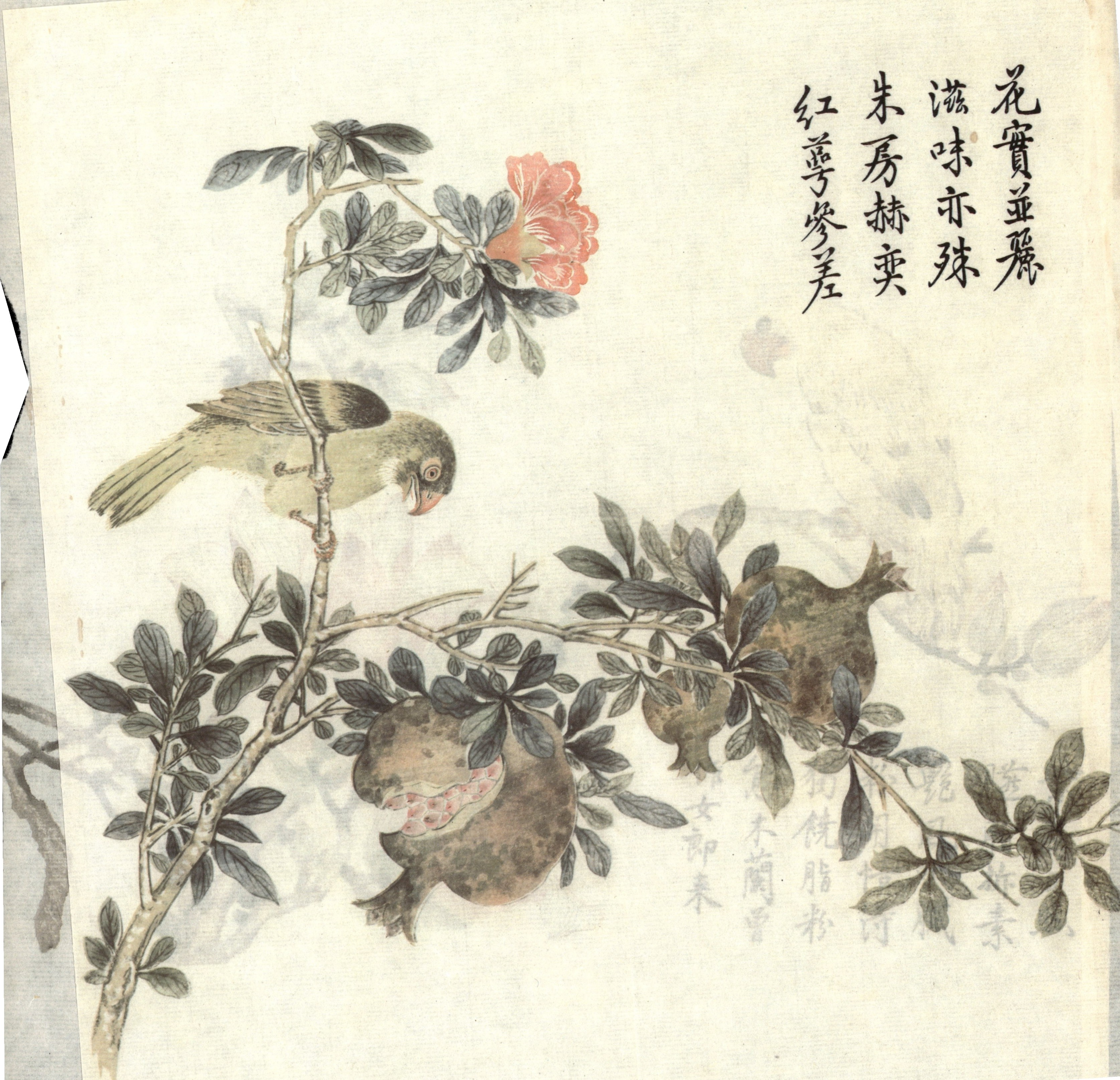
花實並麗
滋味亦殊
朱房赫奕
紅萼參差

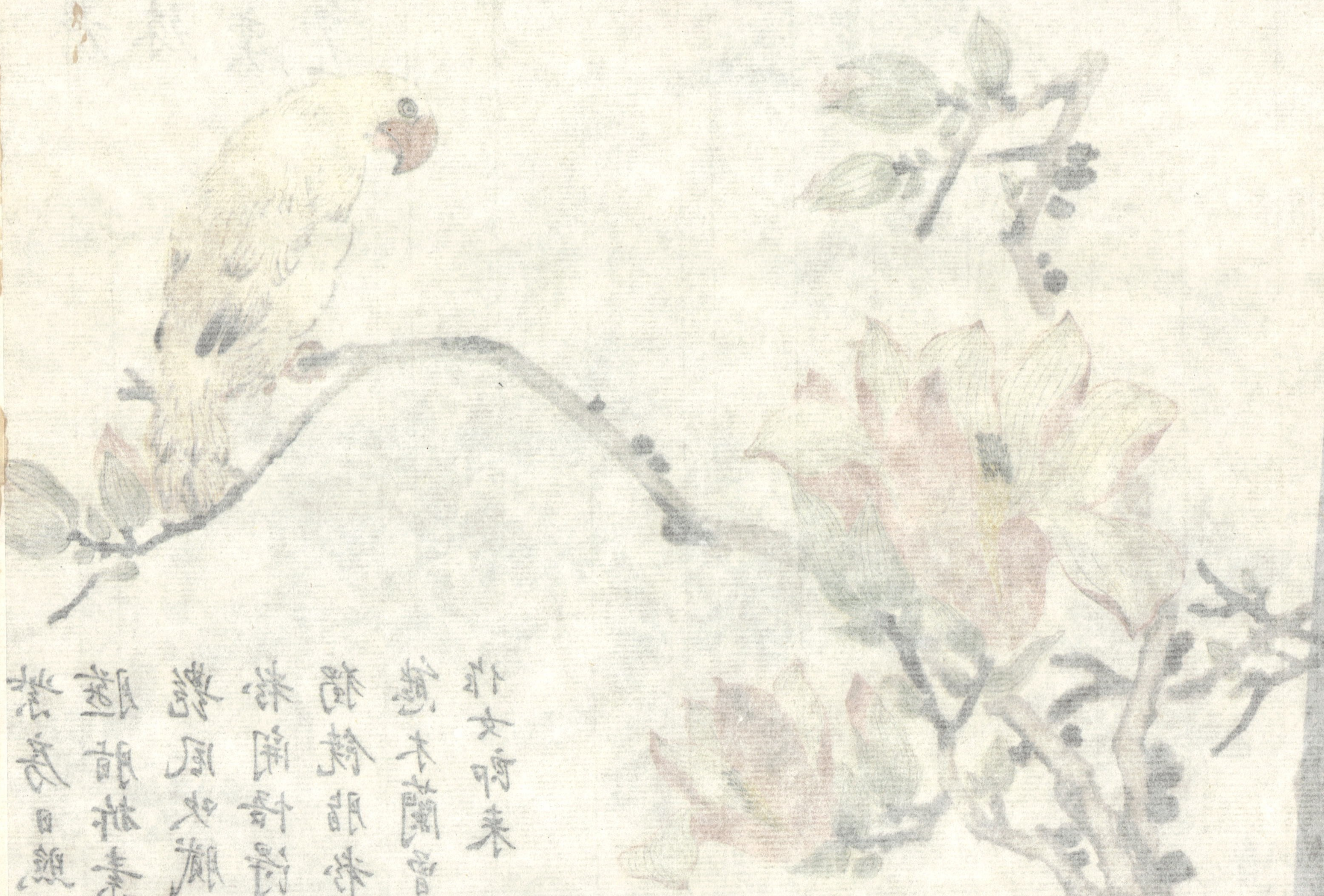

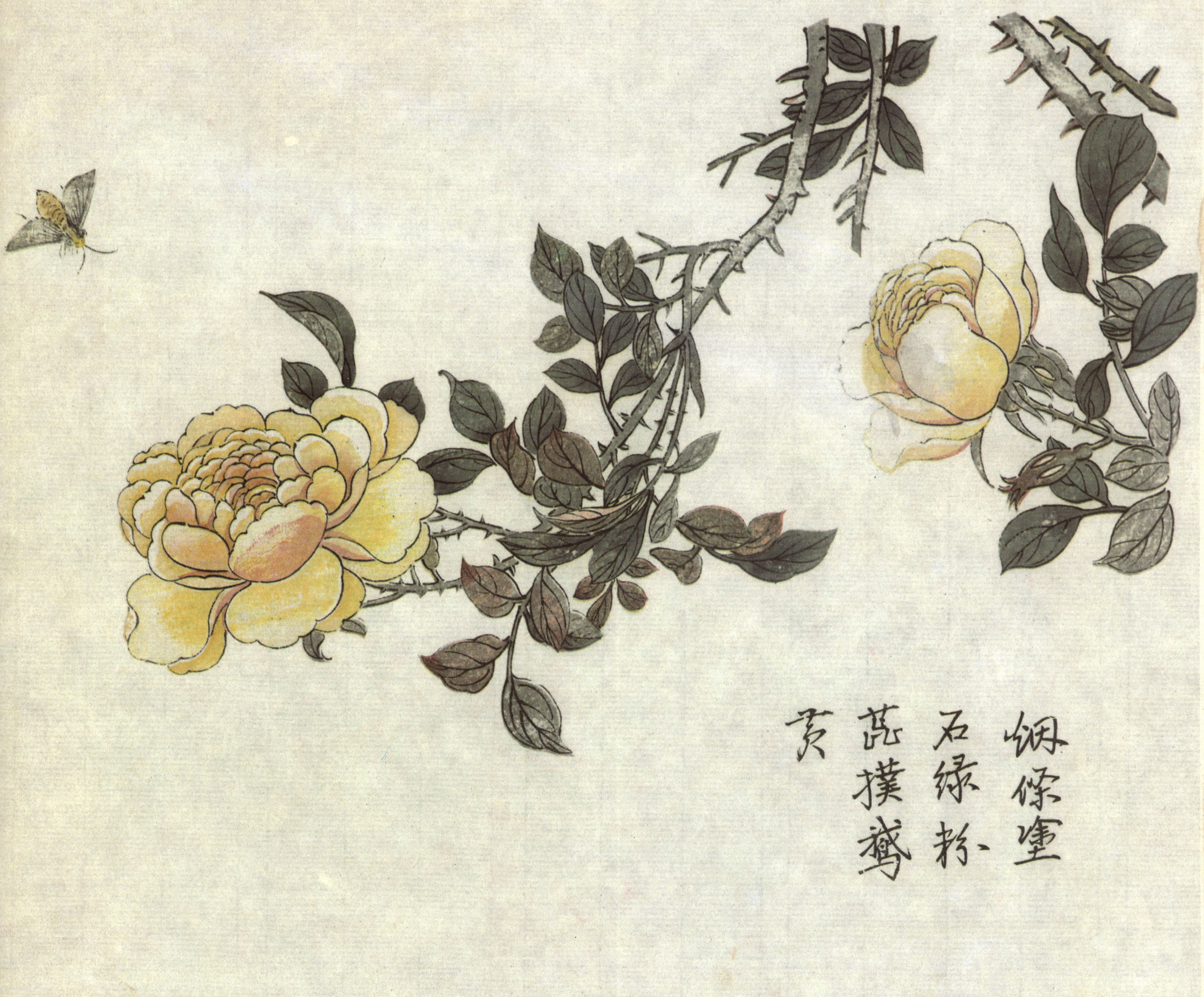
細條塗
石綠粉、
蕊撲鵝
黃

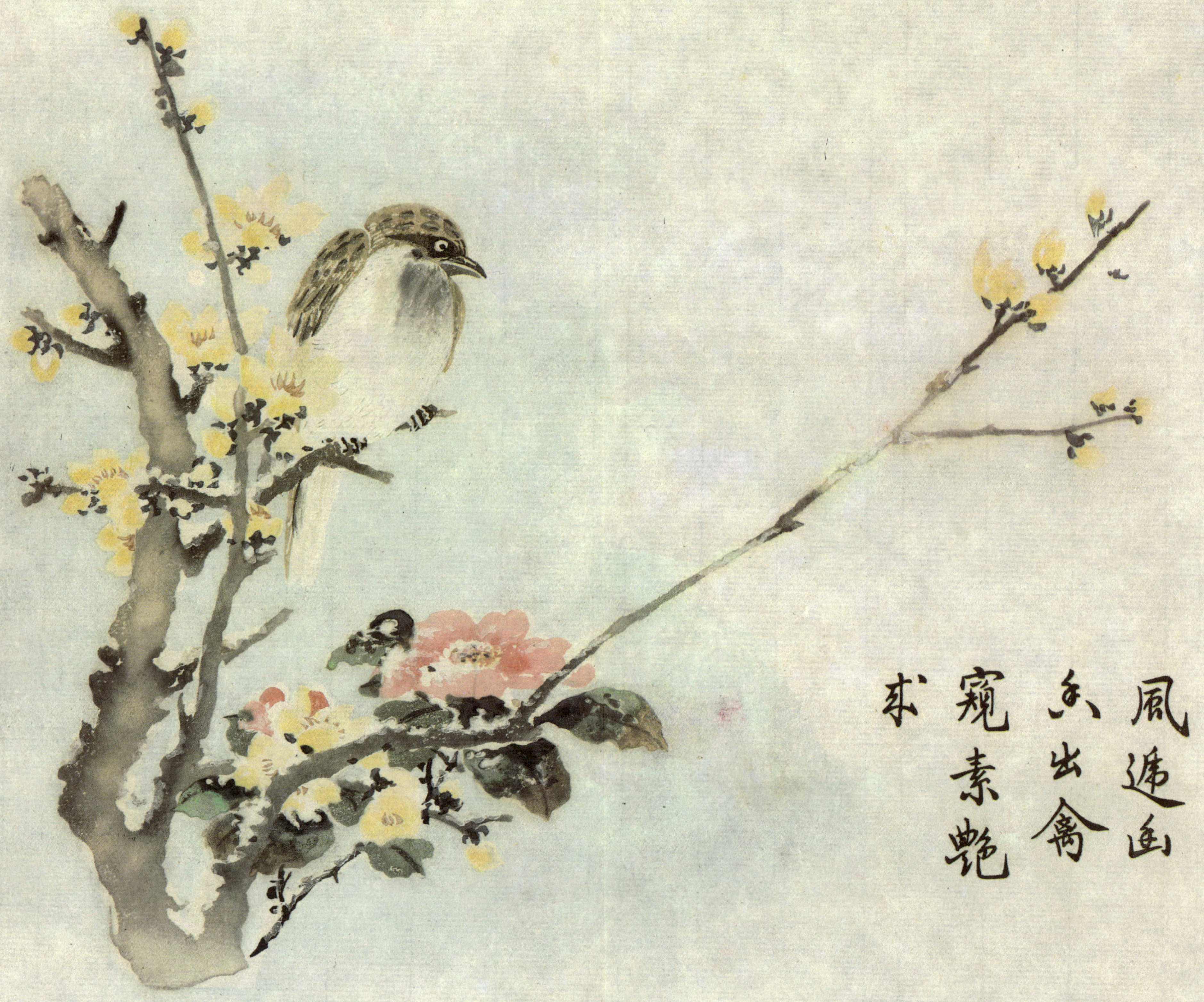
風遞幽
香出禽
窺素艷
來

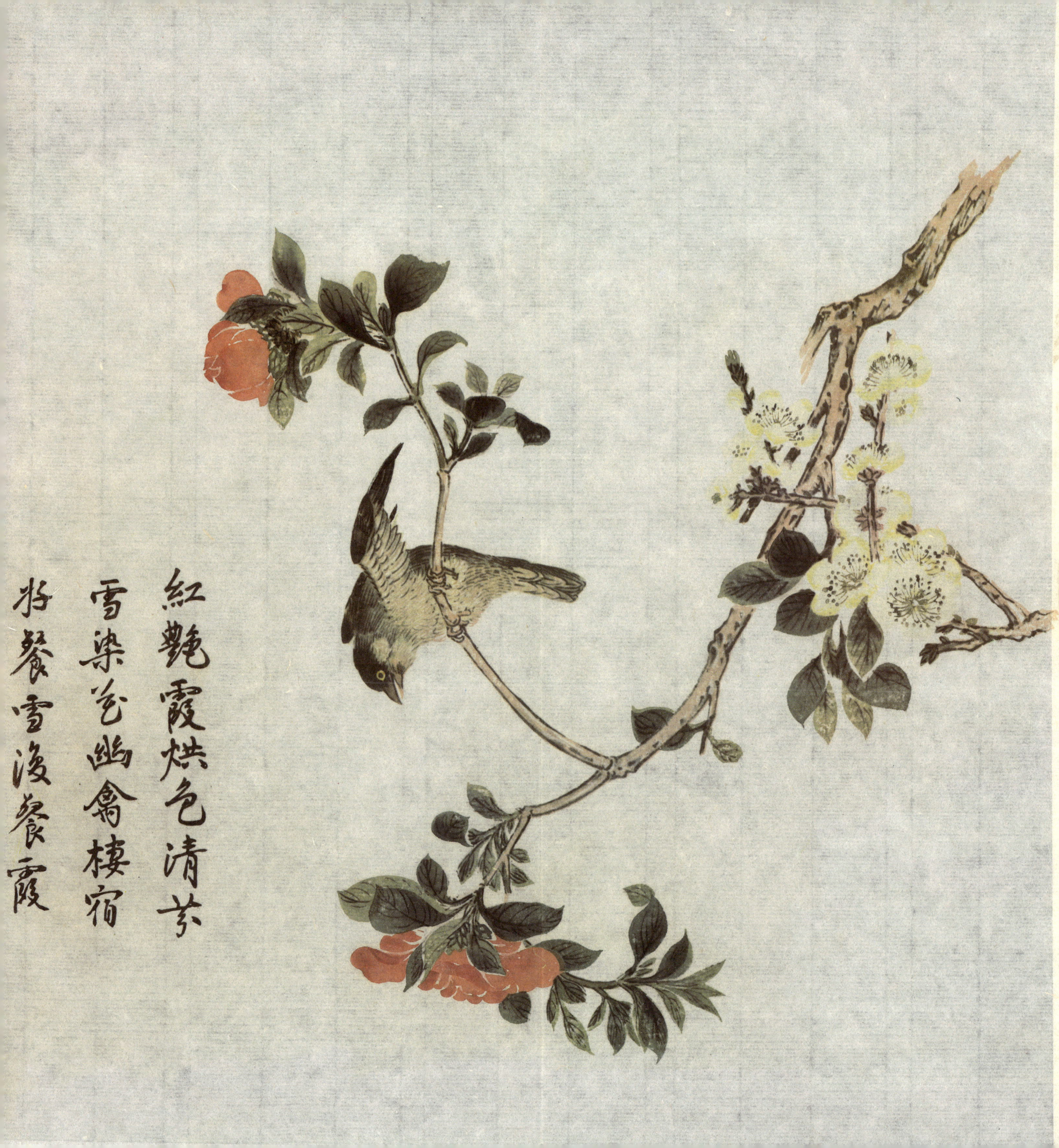
紅艷霞烘色清芬
雪染姿幽禽棲宿
將餐雪後餐霞

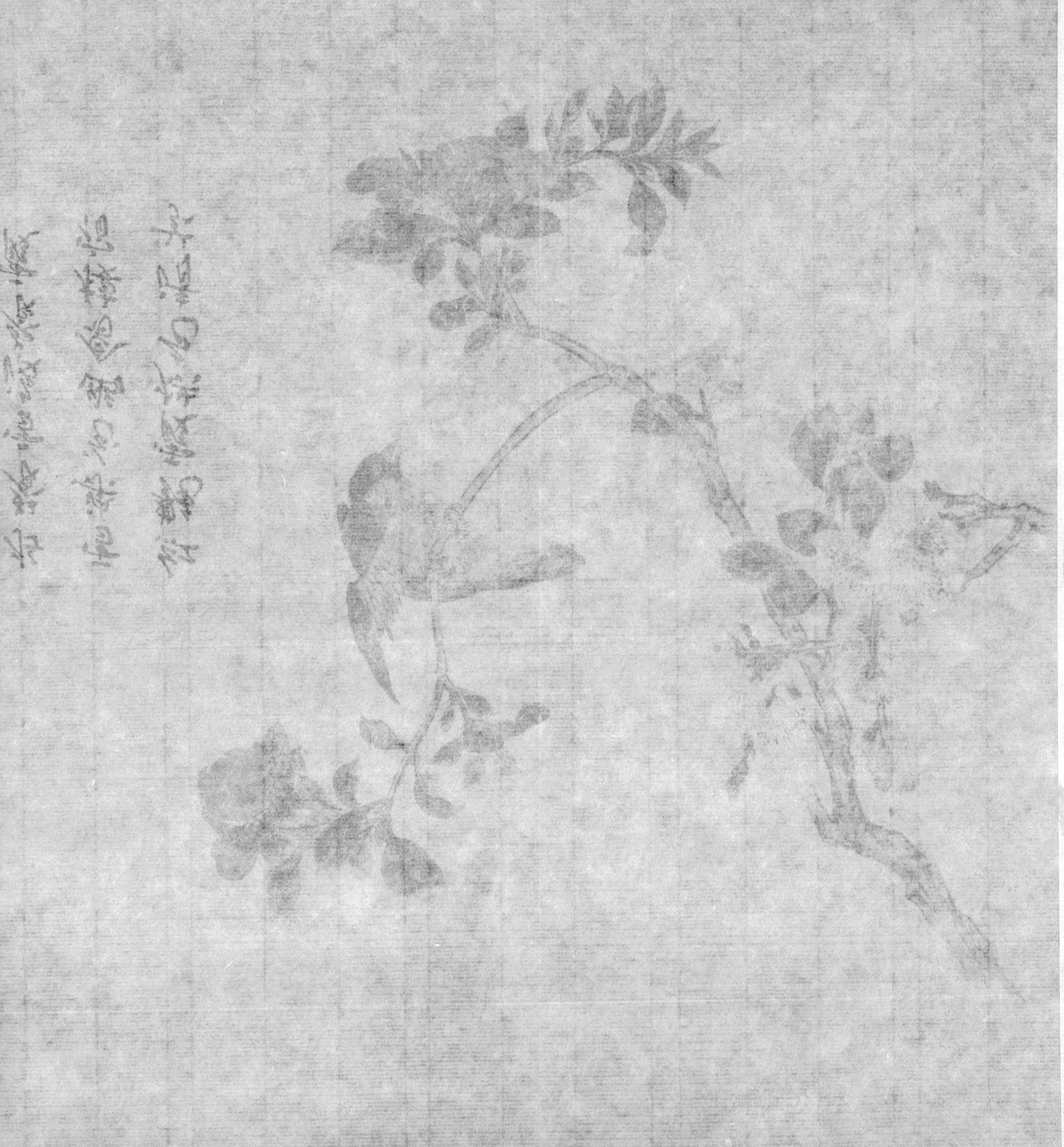

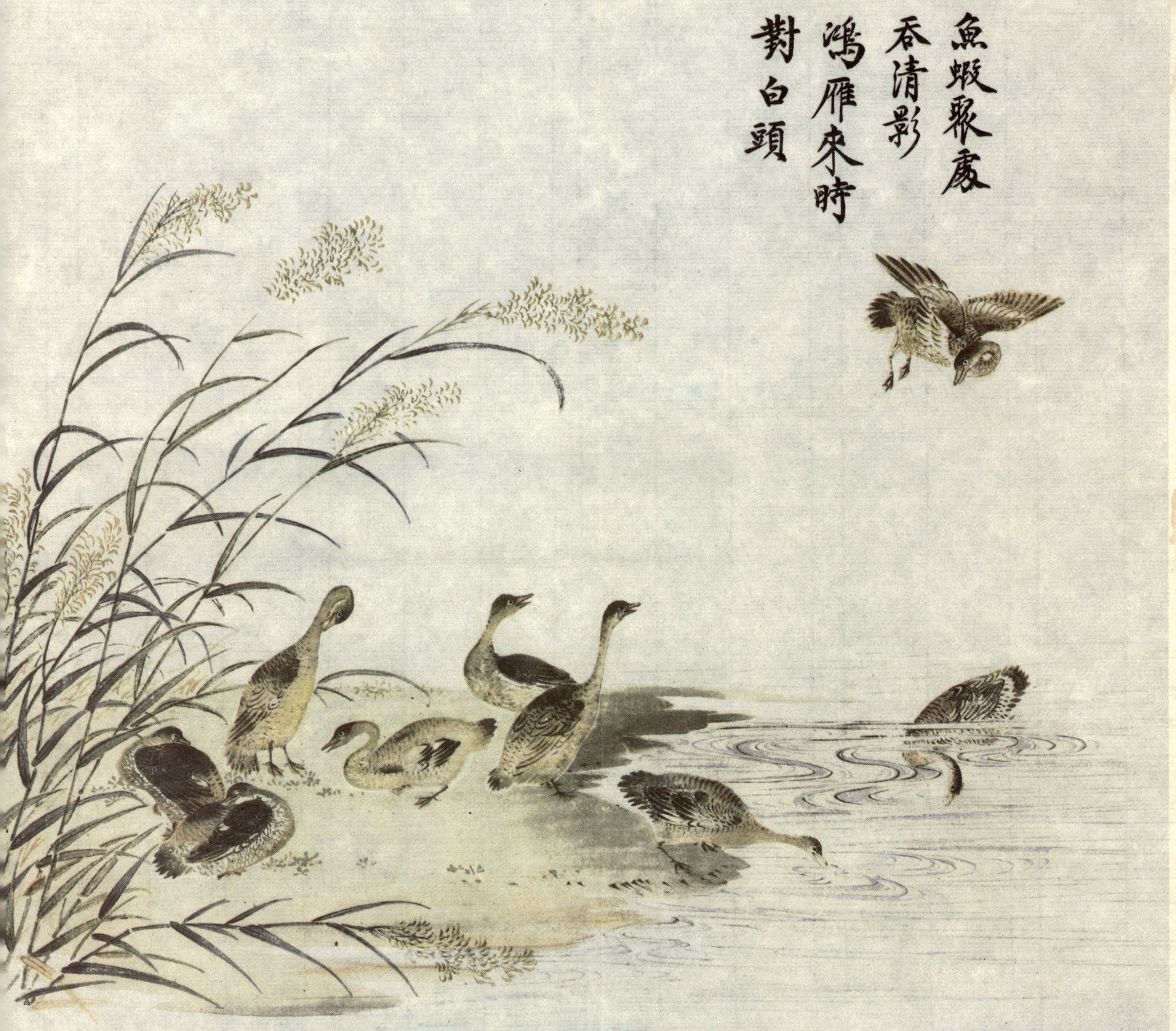
魚蝦聚處
吞清影
鴻雁來時
對白頭

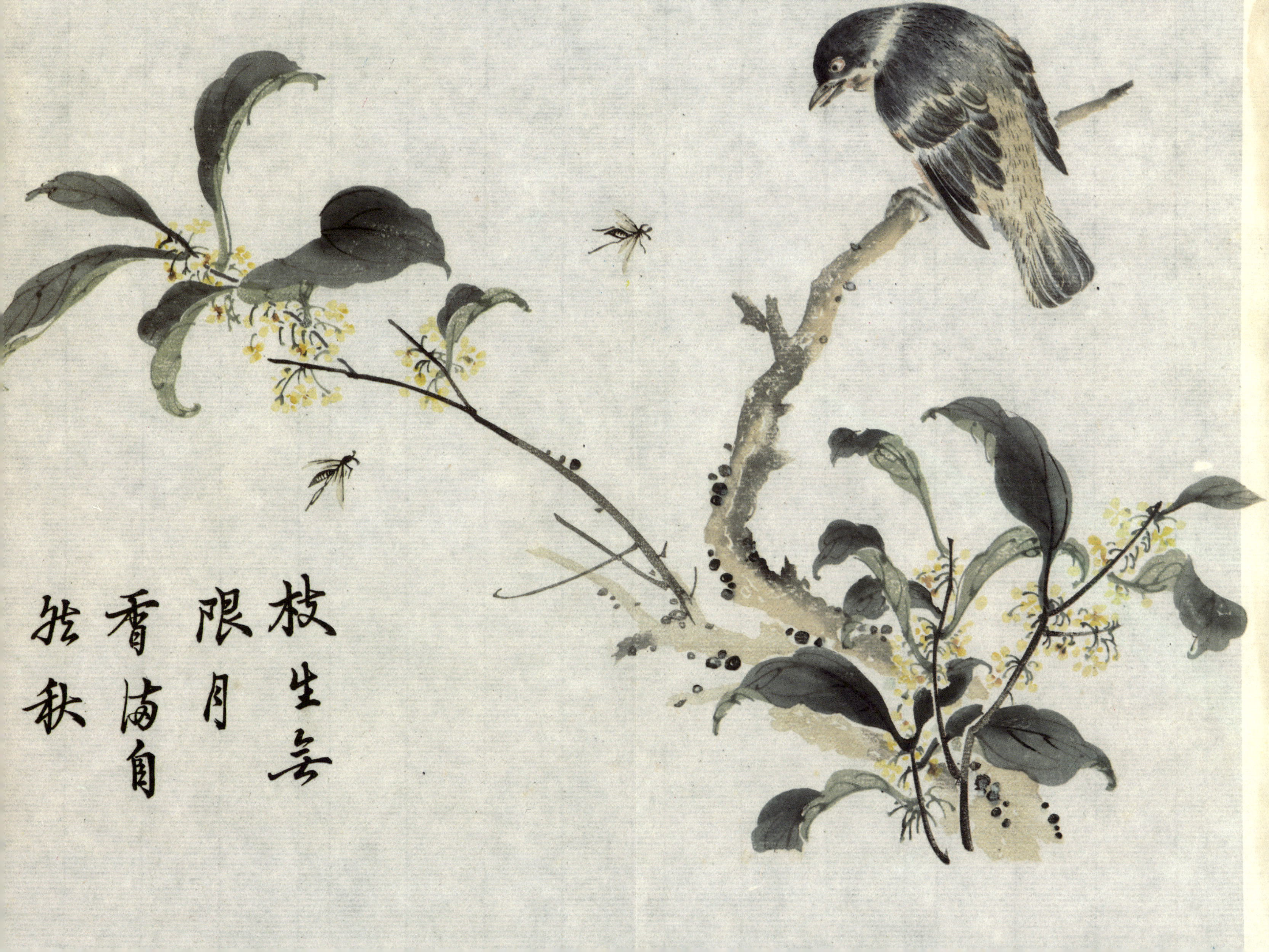
枝生無
限月
香滿自
然秋

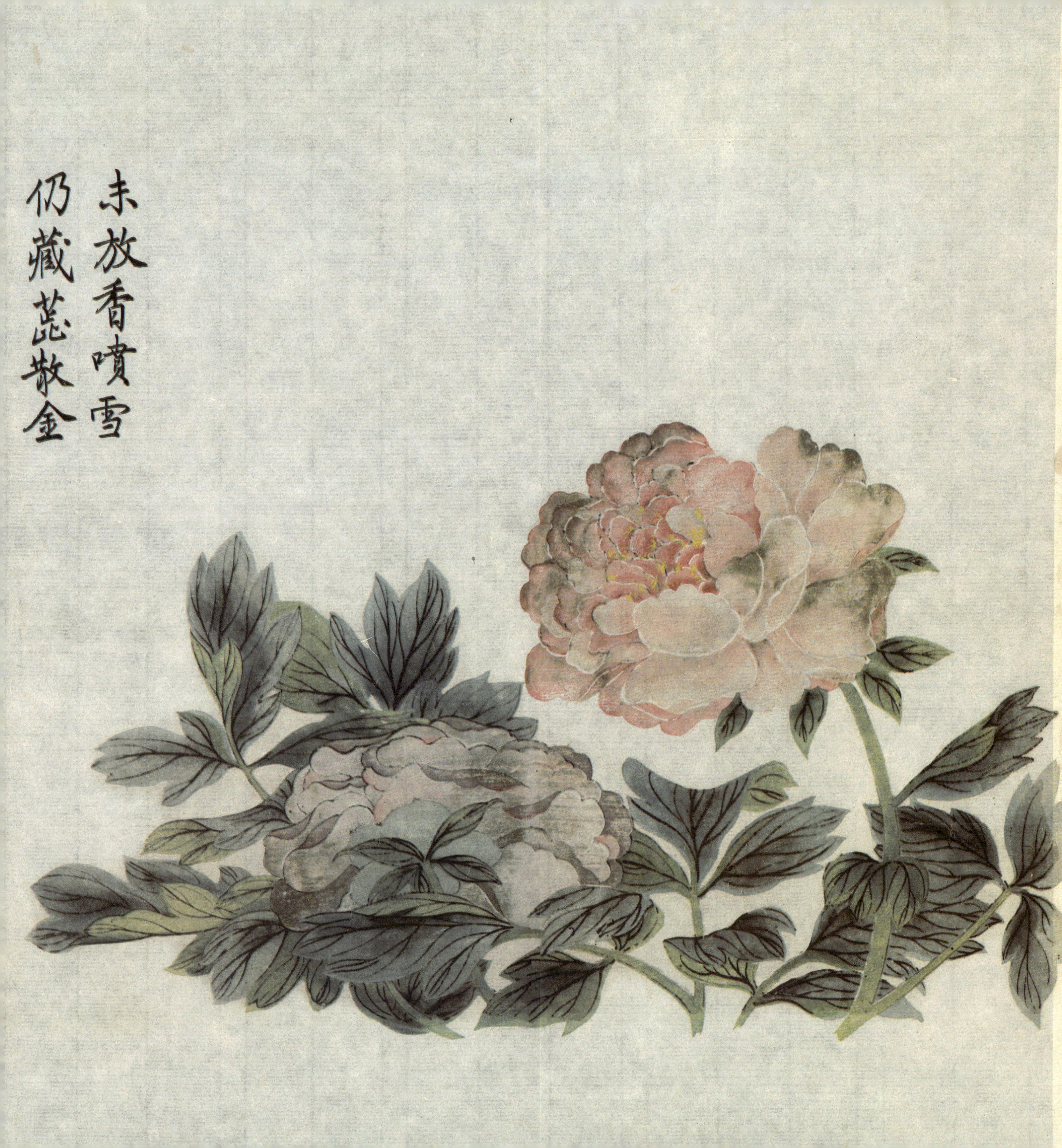

未放香噴雪
仍藏蕊散金